RAPHAËL BALENIERI

IA

INTELLIGENCE ARTIFICIELLE

LE MATCH DU SIÈCLE

Talent Éditions
115 rue de l'Abbé Groult, 75015 Paris

Photos de couverture : © AdobeStock

ISBN : 978-2-37815-397-7

RAPHAËL BALENIERI

IA

INTELLIGENCE ARTIFICIELLE

LE MATCH DU SIÈCLE

Talent Éditions

ÉGALEMENT CHEZ TALENT ÉDITIONS

Notre dernière invention, L'intelligence artificielle et la fin de l'ère humaine - James Barrat

Jeff Bezos, La folle ascension du fondateur de l'empire Amazon - Brad Stone

Le roi de la finance, la face cachée de Wall Street : Ray Dalio et Bridgewater le plus grand fonds spéculatif au monde - Rob Copeland

Creativity, Inc. - Ed Catmull

Les fondateurs - Jimmy Soni

Investir, Mes secrets pour gagner en bourse - Jordan Belfort

Vendre, Les secrets de ma méthode - Jordan Belfort

Going Infinite, FTX, l'ascension et la chute du magnat des cryptomonnaies - Michael Lewis

Les habitudes des millionnaires - Brian Tracy

Ce que vous n'apprendrez jamais à Harvard - Mark H. McCormack

SOMMAIRE

A mon père, Fulvio,
grâce à qui ce livre va être connu dans toute la Sardaigne

A Alexandre
et à notre vie future entre Paris, Arles et Shanghai

INTRODUCTION

LE MATCH DU SIÈCLE

Certains, comme Sundar Pichai, le PDG de Google, la comparent à l'invention du feu, de l'imprimerie, de l'électricité ou d'Internet. Grâce à l'IA générative, l'économie du XXIe siècle aurait trouvé selon eux son nouveau carburant avec, à la clé, de nouveaux gains de productivité et de croissance. À plus long terme, l'IA générative ouvrirait la voie à un monde peuplé de voitures 100 % autonomes ; un monde où chacun aurait un robot personnel pour planifier ses tâches du jour, remisant au placard les PC et les smartphones ; un monde où des machines, et non des chercheurs en blouse blanche, découvriraient de nouveaux médicaments.

D'autres, comme Elon Musk, y voient au contraire une nouvelle bombe nucléaire, menaçant pêle-mêle la survie de l'humanité, l'emploi, la démocratie, les acteurs malveillants ayant désormais un nouvel outil pour produire de la désinformation en masse et mener des cyberattaques à grande échelle. Pour d'autres encore, comme Yann LeCun, la star mondiale de l'IA, l'IA générative n'a pour le moment que l'intelligence d'un enfant de maternelle. Alors, qui croire ?

Voilà bientôt deux ans que le monde entier vit avec l'IA générative. Cette technologie est entrée dans nos vies fin 2022 avec le phénomène ChatGPT, ce robot conversationnel qui répond à toutes nos questions ou presque en quelques secondes. Sa facilité d'utilisation, ses attributs quasi humains et la qualité de ses réponses ont surpris la planète entière – un succès que même son créateur, la start-up californienne OpenAI, n'avait pas anticipé. Depuis, l'IA est partout : à la une des médias, dans les discours des plus hauts responsables politiques, au menu de tous les « comex » du CAC40. Même le Vatican a dû élaborer une ligne de conduite sur le sujet : c'est dire ! Pourtant, mesurer l'impact réel de cette nouvelle technologie reste encore difficile, conduisant à ces deux attitudes extrêmes : excès d'optimisme d'un côté, excès de pessimisme de l'autre.

En réalité, tout dépendra du degré d'adoption, dans les entreprises et chez les particuliers. Oui, ChatGPT dessine les prémisses d'une révolution, technologique, scientifique, sociétale, économique. Mais non, ChatGPT n'est pas encore le « nouveau Word » ou le « nouveau Google », même si des milliers de salariés commencent à l'utiliser pour résumer des comptes-rendus, écrire des e-mails, chercher de l'information, sans oublier les collégiens et les lycéens qui s'en servent pour rédiger des dissertations entières, au grand dam de leurs parents et professeurs. Oui, ChatGPT s'est répandu comme une traînée de poudre, comme aucune autre application avant lui. Mais gardons les ordres de grandeur en tête : avec environ 180 millions d'utilisateurs estimés, le célèbre robot d'OpenAI est encore loin derrière Instagram (2 milliards d'utilisateurs) ou TikTok (1 milliard d'utilisateurs)…

Un tournant en soixante-quinze ans d'histoire

Pour autant, une chose est sûre : l'irruption de l'IA générative marque un tournant dans la grande histoire de l'intelligence artificielle. Apparue dès les années 1950 avec les travaux pionniers du mathématicien britannique Alan Turing, cette technologie protéiforme regroupe tous les systèmes informatiques et mathématiques capables de formuler des prévisions, de faire des recommandations et de prendre des décisions de façon automatisée, « intelligente » et en comprenant leur environnement. Cette technologie s'est toujours développée par « paliers », avec une nette accélération lors de découvertes majeures, l'IA générative étant la dernière en date.

Ces soixante-quinze ans d'histoire font que l'IA irriguait nos vies, nos économies et nos services publics bien avant ChatGPT. La reconnaissance faciale qui permet de déverrouiller son iPhone sans taper le mot de passe, les algorithmes de Netflix qui suggèrent tel film plutôt qu'un autre en fonction de l'historique, la conduite semi-autonome à bord des voitures Tesla, l'analyse automatique des passeports biométriques dans les aéroports sont ainsi tous des exemples d'intelligence artificielle « classique ».

À présent, l'IA générative va perfectionner et amplifier ces fonctions existantes. Avec elle, les assistants vocaux comme Siri ou Alexa, qui étaient déjà des systèmes d'IA, auront une voix plus « humaine », comprendront davantage de langues et réaliseront des tâches plus complexes. De quoi donner l'impression de dialoguer de moins en moins avec des machines, et de plus en plus avec des humains. Avec l'IA générative, « pour la première fois dans l'histoire, nous produisons de l'intelligence », résume Jensen Huang, le PDG de Nvidia, le grand fabricant américain de puces devenu le « roi » du secteur. « Ce qui sort [des systèmes d'IA], c'est de l'intelligence, de l'intelligence raffinée et produite à grande échelle[1] ».

Mais avec l'IA générative, cette technologie acquiert aussi une nouvelle fonction : la production. L'IA est dite générative car elle génère du texte, des images, des sons, des vidéos, du code informatique en quelques secondes, là où la même tâche aurait nécessité des minutes, des heures, voire des mois de travail pour les humains. Ces nouvelles capacités ouvrent la voie à de nouveaux usages, notamment dans les industries culturelles : des acteurs décédés pourraient ainsi réapparaître comme par magie dans des films, Alexa ou Siri pourraient prendre la voix de votre chanteur ou de votre actrice préférée… Science-fiction ?

1. Jensen Huang — NVIDIA's CEO on the Next Generation of AI and MLOps.

Pas vraiment : en mai 2024, Scarlett Johansson a accusé OpenAI d'avoir copié sa voix à son insu pour créer « Sky[2] », l'une des tonalités qui permet de « parler » avec ChatGPT, obligeant la start-up à faire marche arrière.

Si les médias et les industries culturelles vont être les premières concernées, toutes les industries sont potentiellement touchées, de la banque aux assurances, des télécoms aux cosmétiques, en passant par la santé ou la grande distribution. En ce sens, l'IA générative se rapproche d'Internet dans sa dimension systémique et transformatrice. « On parle d'une technologie qui va toucher 40 % des heures travaillées », rappelle Olivier Girard, président d'Accenture France et Benelux. Dans les entreprises, l'IA générative pourrait supprimer toutes les tâches répétitives ou à faible valeur ajoutée. Elle permettra de mieux connaître les clients, de mieux répondre à leurs demandes (par exemple avec des chatbots), de diagnostiquer les pannes avec l'analyse d'image, de générer une liste de solutions pour tel ou tel problème…

2. « Accusé par Scarlett Johansson d'avoir copié sa voix, OpenAI suspend l'utilisation d'une tonalité de ChatGPT », Le Monde.fr.

Le match du siècle

Dans ce contexte, l'IA générative est vite devenue le match du siècle, une compétition internationale à coups de milliards de dollars d'investissements. ChatGPT a déclenché une véritable guerre économique, à chaque niveau de la chaîne de valeur et même entre les continents. Car l'IA générative n'est pas un tout uniforme, mais un continuum, une industrie en soi qui mobilise des ressources différentes et donc des acteurs divers, de l'amont à l'aval. Des fabricants de puces comme Nvidia qui fournissent la puissance de calcul, aux fournisseurs de cloud comme Microsoft et Amazon qui louent leurs *data centers* et distribuent l'IA dans les entreprises, en passant par les géants de la tech comme Meta ou OpenAI qui conçoivent les grands modèles de langages, sans oublier les universités qui fournissent les talents, les éditeurs de logiciels qui « mettent en pratique » dans des produits…

Tous veulent sortir gagnants de cette course pour ne pas finir au cimetière de la technologie, comme Nokia ou BlackBerry en leur temps, lorsque les deux groupes ont loupé le virage vers le smartphone. Vingt-cinq ans après l'arrivée d'Internet, l'IA générative pourrait bien redistribuer les clés du monde numérique détenu aujourd'hui par les GAFAM et la géographie des grandes puissances, entre les États-Unis, la Chine et l'Europe. Qui gagnera la guerre de l'IA générative ? L'enjeu est absolument clé pour la France qui, pour une fois, avec ses brillants mathématiciens, ne part pas de zéro dans cette course folle. Il est temps de la découvrir.

CHAPITRE 1

CHATGPT, LA DÉCLARATION DE GUERRE

Elle aurait pu être vite oubliée et ne rester qu'une banale journée d'automne. Qui se souvient de la date du 30 novembre 2022 ? Pour OpenAI, le monde de la technologie et de l'Intelligence artificielle, cette date marque pourtant bien un avant et un après. À l'époque, personne, en dehors du « petit monde » de l'intelligence artificielle, ne connaît la start-up créée sept ans plus tôt à San Francisco par Sam Altman et Elon Musk, et dont la mission est de construire des systèmes d'IA aussi intelligents que les humains. Mais en quelques jours, OpenAI va passer de l'ombre à la lumière, avec un produit dont le succès – aussi mondial qu'inattendu – dépassera même ses créateurs, déclenchant une nouvelle guerre pour ce « nouvel Internet » du XXIe siècle.

Ce produit, c'est ChatGPT, le robot conversationnel d'OpenAI. Avec lui, l'IA va sortir de sa tour d'ivoire pour la première fois depuis les travaux pionniers des années 1950. Champs de recherche obscur et lointain, voilà l'IA qui entre de plain-pied dans le quotidien, devenant un sujet « *mainstream* », un phénomène socioculturel et économique en soi. Étudiants, cadres supérieurs, simples curieux : très vite, des millions d'utilisateurs s'emparent de ChatGPT pour écrire des e-mails, des posts de blog, des poèmes ou des dissertations, pour imaginer la suite d'un scénario, obtenir des itinéraires de vacances, des idées de recettes ou de cadeaux.

Dans un petit jeu malicieux, certains tentent bien de « piéger » le robot, en lui posant des questions ouvertes ou très techniques auxquelles ChatGPT répond souvent hors sujet. Peu importe, ce jeu ne fait que renforcer le buzz et l'excitation autour de ChatGPT. Car globalement, la vitesse du robot, la qualité des réponses et surtout sa simplicité d'utilisation (il est gratuit et disponible sur le site chat.openai.com) sont impressionnantes. Stupéfait, incrédule, le monde découvre alors les avancées de l'IA et de l'IA dite « générative » – et à quel point cette technologie, qui génère du texte ou des images en un temps record, peut s'insérer dans la vie de tous les jours.

Pour beaucoup, c'est le « moment iPhone » de l'IA. Apple n'a pas inventé la téléphonie mobile – mais elle lui a donné ses lettres de noblesse. OpenAI fait de même avec ChatGPT. De la même façon que le premier iPhone de 2007 a fait entrer les smartphones dans nos poches, banalisant les écrans tactiles, ChatGPT fait entrer l'IA à la maison, au bureau, dans les entreprises. De ce point de vue, ChatGPT est surtout une révolution de l'accès et de l'usage, plus qu'une révolution technologique en soi. Car à ce moment, les grands modèles de langage, ces énormes algorithmes qui font tourner les robots comme ChatGPT, sont connus depuis longtemps dans le monde de l'intelligence artificielle.

Ce qui surprend, c'est la vitesse à laquelle le robot se répand. ChatGPT atteint la barre du million d'utilisateurs en cinq jours, là où il avait fallu deux mois et demi à Instagram et trois ans et demi à Netflix, pour atteindre ce même palier. Le seuil des 100 millions est dépassé en deux mois, contre neuf mois pour TikTok et deux ans et demi pour Instagram, selon Sensor Tower. C'est une première dans le monde de la tech. « Cela fait vingt ans que nous suivons l'écosystème Internet et nous n'avons jamais vu une application se lancer aussi rapidement », écrit UBS dans une note. Face à l'ampleur du phénomène, les écoles et les universités sont obligées d'intervenir alors qu'élèves et étudiants rédigent des devoirs entiers avec ChatGPT. Les entreprises aussi restreignent son accès, de crainte que les employés, en posant des questions à ChatGPT, ne livrent au robot des données sensibles, internes à l'organisation… Des artistes, des créateurs se rebiffent aussi contre ChatGPT, qu'ils accusent de piller leur propriété intellectuelle.

Un lancement en catimini

Ce 30 novembre 2022, OpenAI ne fait pourtant pas dans la démesure. Bien au contraire, ChatGPT est lancé en catimini, de façon très discrète. Il n'y a ni *keynote* – ces grandes conférences utilisées par Apple, Microsoft ou Google pour annoncer leurs nouveautés – ni interview dans la presse. C'est par un simple post de blog, par ailleurs plutôt technique, qu'OpenAI annonce, très sobrement, le lancement de ChatGPT. Dans l'article[3], l'entreprise présente factuellement son robot : sa genèse, ses forces et ses faiblesses. Pour OpenAI, il n'y a d'ailleurs « rien » à célébrer : ChatGPT est simplement la version plus aboutie d'InstructGPT, un outil lancé début 2022 qui, comme son nom l'indique, permet aux modèles d'IA de mieux comprendre les « instructions » humaines et donc de mieux répondre aux questions des utilisateurs. « Nous ne voulions pas survendre [ChatGPT] comme étant un grand progrès fondamental », se souvient William Fedus, un chercheur d'OpenAI qui a travaillé sur le chatbot[4].

---

3. Introducing ChatGPT, [https://openai.com/index/chatgpt/].

4. The inside story of how ChatGPT was built from the people who made it, [https://www.technologyreview.com/2023/03/03/1069311/inside-story-oral-history-how-chatgpt-built-openai/].

Mais revenons un peu en arrière. À l'époque, le grand modèle de langage d'OpenAI s'appelle GPT3. Par sa taille et sa puissance, ce modèle marque un tournant dans l'intelligence artificielle. Mais lorsqu'on lui envoie un *prompt*, c'est-à-dire une question, GPT3 commet encore de nombreuses erreurs, génère des réponses toxiques, des contenus violents, voire à caractère sexuel… Ce modèle n'est pas « aligné » avec les besoins des utilisateurs humains, car il a une approche mathématique de la langue. En effet, GPT3 est un algorithme, entraîné sur d'énormes quantités de pages Web de textes, qui réalise des calculs de probabilités. Dans les données d'entraînement, les mots sont classés par champ sémantique les uns par rapport aux autres. GPT3 va ensuite faire des « équations » de mot pour prédire le mot suivant dans une phrase[5]. En analysant énormément de texte, l'algorithme devine la structure des phrases et peut ainsi « parler » comme un humain.

C'est là qu'InstructGPT intervient : les équipes d'OpenAI vont nourrir GPT3 avec du « feedback humain » pour qu'il produise un résultat moins statistique, plus humain et conversationnel. Concrètement, des modérateurs humains vont répondre par écrit à une question (par exemple, « décrivez l'arrivée des humains sur la

---

5. ChatGPT : plongée dans les entrailles du chatbot qui bouleverse la tech, [https://www.lesechos.fr/tech-medias/hightech/chatgpt-plongee-dans-les-entrailles-du-chatbot-qui-bouleverse-la-tech-1888443].

Lune en 1969 »), puis injecter leur réponse dans le modèle. Dans une deuxième étape, cette même question est posée de nouveau : la machine va générer cette fois plusieurs réponses, qui vont être classées de la meilleure à la pire par les modérateurs humains. Cette méthode est répliquée sur un plus grand échantillon de questions. Les données ainsi collectées sont réintroduites. *In fine*, le but est que le modèle comprenne de lui-même et qu'il devine quelle est la réponse qui aurait le plus convenu à un humain.

Grâce à cette méthode, InstructGPT fait des progrès « significatifs », selon OpenAI. Les réponses sont factuellement plus correctes et plus appropriées, même si le modèle continue de générer des erreurs, du contenu violent, sexuel ou toxique. Autre limite, InstructGPT ne comprend que l'anglais, ce qui peut conduire le modèle à surreprésenter les points de vue ou les valeurs du monde anglo-saxon. Mais la méthode du feedback humain a fait ses preuves, et OpenAI veut maintenant l'expérimenter à plus grande échelle.

La révolution de l'usage

C'est dans ce contexte que la start-up de San Francisco lance ChatGPT, pour obtenir un retour d'expérience plus large de la part d'utilisateurs du monde entier et améliorer encore son modèle de langage. ChatGPT n'est alors pas un produit commercial ni un outil complètement fini. « À l'origine, OpenAI n'avait pas de vision très claire pour ChatGPT », confirme Antoine Bordes, vice-président chez Helsing, une start-up leader dans l'IA appliquée à la défense. Avant le grand baptême, ChatGPT a simplement été testé en version bêta (auprès d'un petit nombre d'utilisateurs) pendant plusieurs mois. « On ne peut pas attendre qu'un système soit parfait pour le publier (…), nous nous sommes assurés que les modèles étaient un peu plus factuels et sûrs que les précédents et nous avons décidé de poursuivre avec le lancement[6] », se souvient John Schulman, cofondateur d'OpenAI.

À ce moment-là, la nouveauté n'est pas le modèle sous-jacent. Comme son grand frère InstructGPT, le robot s'appuie lui aussi sur GPT3 – un modèle vieux de deux ans.

---

6. The inside story of how ChatGPT was built from the people who made it, [https://www.technologyreview.com/2023/03/03/1069311/inside-story-oral-history-how-chatgpt-built-openai/].

« ChatGPT ne nous a pas surpris. C'était un déploiement de technologie que l'on connaissait depuis plusieurs années[7] », remarque Yann LeCun, vice-président de Meta en charge de l'IA. D'autres grands modèles ont en effet précédé GPT3. Par exemple, Google dispose de son propre modèle de langage, baptisé BERT, depuis 2018. Quand ChatGPT sort, la génération automatique de texte est déjà utilisée depuis longtemps : c'est le cas par exemple pour Google avec Google Translate. Meta, de son côté, utilise aussi le traitement automatique du langage (NLP), un sous-domaine de l'IA, pour analyser automatiquement les commentaires haineux sur Instagram ou Facebook et les retirer, et cela depuis des années.

Mais ces modèles n'ont alors qu'un usage interne. Aucun de ces géants n'a conçu un produit « *AI-first* » pour les internautes. ChatGPT est le premier. Il marche sur deux jambes : un modèle-cœur (GPT3), qui constitue son cerveau, et une interface pour le grand public. Luc Julia, le Français qui a coinventé chez Apple l'assistant vocal Siri, résume : « En soi, les IA génératives ne sont pas une révolution. Elles existent depuis 2017. Ce qui a changé en revanche, c'est la façon dont on y accède.

7 « Dans l'intelligence artificielle, il n'y aura pas la victoire d'une entreprise sur une autre », dit Yann LeCun, [https://www.lesechos.fr/tech-medias/intelligence-artificielle/dans-lintelligence-artificielle-il-ny-aura-pas-la-victoire-dune-entreprise-sur-une-autre-dit-yann-lecun-2088146].

En cela, OpenAI a eu un coup de génie en concevant une interface graphique, sympa et grand public[8] ».

La vraie révolution en effet est que ChatGPT est facilement utilisable. « ChatGPT, c'est la révolution de l'accès, pas du modèle », abonde Antoine Bordes. Son interface donne l'impression de dialoguer, presque naturellement, avec un humain, et donc d'avoir un assistant personnel à portée de main. Le robot répond à tout, de façon intelligente, précise, parfois avec humour… C'est la première fois qu'un chatbot offre une expérience globalement satisfaisante, ludique et utile. Il a de la mémoire (ce qui évite de reformuler sans cesse la question) et plus de vocabulaire que les chatbots utilisés par les banques, la SNCF ou les opérateurs télécoms pour répondre aux questions de leurs clients. « Les chances étaient pourtant contre nous, vu le nombre de tentatives passées à créer un chatbot généraliste, rappelle William Fedus, d'OpenAI. Mais la version bêta nous avait confortés dans l'idée que nous avions quelque chose que les gens pourraient vraiment aimer[9]. »

---

8. Intelligence artificielle générative : la révolution ChatGPT en marche, [https://www.lesechos.fr/tech-medias/intelligence-artificielle/intelligence-artificielle-generative-la-revolution-chatgpt-en-marche-1935018].

9. The inside story of how ChatGPT was built from the people who made it, [https://www.technologyreview.com/2023/03/03/1069311/inside-story-oral-history-how-chatgpt-built-openai/].

Un succès inattendu et des premiers effets pervers

Le succès de ChatGPT va prendre tout le secteur de l'intelligence artificielle de court. Dès les premiers jours, Twitter regorge de témoignages d'utilisateurs stupéfaits. « Je suis absolument bluffé. Cela me rappelle 2001, la première fois que j'ai utilisé Google[10] », témoigne alors Fred Plais, entrepreneur basé à Los Angeles, dans *Les Échos*. Chez Google, justement, c'est la panique : si la planète entière se tourne vers ChatGPT pour rechercher et accéder à de l'information, ce serait la mort du moteur de recherche tel qu'on le connaît depuis les débuts du Web. Au cours de ces premiers jours, la Silicon Valley ne parle plus que de ChatGPT : le robot fait passer au second plan le rachat rocambolesque de Twitter par Elon Musk, qui s'est concrétisé quelques semaines auparavant, en octobre 2022. « Tout le monde a été ébahi par le degré d'enthousiasme du public », témoigne Yann LeCun.

Même OpenAI est dépassée par l'ampleur des évènements. « Honnêtement, c'était impressionnant. Nous avons

10. ChatGPT marque un tournant pour l'intelligence artificielle, [https://www.lesechos.fr/tech-medias/intelligence-artificielle/les-progres-prodigieux-de-lintelligence-artificielle-deviennent-concrets-pour-le-grand-public 1888334].

été très surpris et depuis nous essayons de suivre, témoigne Jan Leike, chercheur chez OpenAI, dans la MIT Technology Review. J'adorerais mieux comprendre ce qui il y a derrière, ce qui alimente la viralité [de ChatGPT]. Mais honnêtement, on ne comprend pas, on ne sait pas[11]. »

Cet emballement fait peser une très lourde responsabilité sur OpenAI. Car ChatGPT est loin d'être parfait : le robot génère des erreurs, ce que le secteur appelle des « hallucinations ». Avec son ton neutre et mesuré, ChatGPT formule des réponses qui peuvent paraitre plausibles, mais qui sont parfois factuellement fausses. Mais surtout, et comme les réseaux sociaux depuis vingt ans, OpenAI doit lutter contre les usages potentiellement malveillants : un utilisateur qui demanderait à ChatGPT comment fabriquer un cocktail Molotov, ou d'écrire un tract antisémite… Certes, ChatGPT a été entraîné pour refuser les requêtes inappropriées. Mais il arrive « qu'il réponde à des instructions dangereuses ou qu'il fasse preuve d'un comportement biaisé », avertit d'ailleurs OpenAI le jour même du lancement de ChatGPT.

La popularité croissante de l'outil, qui fait irruption l'année même où la Russie envahit l'Ukraine et plonge l'Europe en guerre, en fait aussi une cible de choix

11. The inside story of how ChatGPT was built from the people who made it, [https://www.technologyreview.com/2023/03/03/1069311/inside-story-oral-history-how-chatgpt-built-openai/].

pour les cyberattaquants. Un an après son lancement, 100 000 comptes ChatGPT (les utilisateurs doivent s'enregistrer pour utiliser l'outil) ont déjà été piratés selon la firme de cybersécurité Group-IB[12]. Fin 2023, ChatGPT est victime d'une cyberattaque massive[13], lorsqu'un collectif de hackers, Anonymous Sudan, envoie un très grand nombre de requêtes pour perturber délibérément ChatGPT (ce qu'on appelle une attaque par déni de service), en raison du soutien supposément pro-israélien d'OpenAI. Or ce collectif n'est pas novice en la matière : en 2023, il avait déjà attaqué Microsoft et Twitter, ainsi que des aéroports et hôpitaux français.

Ces risques obligent OpenAI à mieux sécuriser le robot. La start-up muscle ses équipes en charge de la « sécurité » mais fait aussi appel à ses utilisateurs. Au printemps 2023, OpenAI lance un programme « *bug-bounty* » pour récompenser les utilisateurs lui signalant des bugs ou des failles de sécurité, une technique commune dans le monde de la cybersécurité. Prix de la récompense : entre 200 et 6 500 dollars par vulnérabilité, et même 20 000 dollars pour les « découvertes exceptionnelles »…

---

12. ChatGPT déjà victime de piratage massif, [https://www.lesechos.fr/tech-medias/intelligence-artificielle/chatgpt-deja-victime-de-piratage-massif-1955066].

13. ChatGPT déjà victime de piratage massif, [https://www.lesechos.fr/tech-medias/intelligence-artificielle/chatgpt-deja-victime-de-piratage-massif-1955066].

Le premier ChatGPT payant

Mais à ce stade, ChatGPT est un puits sans fond : OpenAI n'a pas généré un centime avec le robot. Au contraire, l'outil coûterait chaque jour 700 000 dollars à OpenAI en dépenses informatiques et en puissance de calcul, selon le média *The Information*[14]. L'entreprise doit donc trouver d'urgence un modèle d'affaires robuste. C'est dans ce contexte qu'arrive, début 2023, le tout premier ChatGPT payant : ChatGPT Plus[15]. Pour 20 dollars par mois, les utilisateurs adhérents ont accès à un robot plus rapide, y compris lors des pics d'affluence, et à de nouvelles fonctionnalités en priorité.

Mais la véritable cible d'OpenAI, ce sont les entreprises. La start-up a bien vu que ChatGPT était déjà utilisé *de facto* par d'innombrables salariés, souvent sans l'accord de leur employeur ou du moins sans encadrement au niveau de la hiérarchie. Selon OpenAI, 80 % des entreprises du Fortune 500 (les 500 plus grosses entreprises américaines en chiffre d'affaires) disposent

14. Mok Aaron, ChatGPT could cost over $700,000 per day to operate. Microsoft is reportedly trying to make it cheaper., [https://www.businessinsider.com/how-much-chatgpt-costs-openai-to-run-estimate-report-2023-4].

15. Introducing ChatGPT Plus, [https://openai.com/index/chatgpt-plus/].

déjà de comptes ChatGPT gratuits. Au moment où certains voient dans ChatGPT le « nouveau Word » ou le « nouvel Excel », s'attaquer aux entreprises semble la voie naturelle à suivre. Et cela d'autant plus qu'entre temps, OpenAI et Microsoft ont signé en janvier 2023 un partenariat[16], qui va faire du géant informatique américain le premier investisseur et le premier soutien de la start-up. Microsoft s'engage à investir plusieurs milliards de dollars sur plusieurs années dans OpenAI. Dans le cadre de ce partenariat, Microsoft va aussi intégrer les modèles d'OpenAI dans ses propres produits, comme Word ou Excel, offrant à OpenAI un puissant canal de distribution, les logiciels et le cloud de Microsoft étant déjà très utilisés par les entreprises.

Mais OpenAI ne veut pas lier son destin uniquement à Microsoft. À l'été 2023, OpenAI lance sa propre offre pour les entreprises, avec ChatGPT Enterprise. Par rapport à la version gratuite, ChatGPT Enterprise est deux fois plus rapide, peut mouliner quatre fois plus de requêtes et offre un accès illimité à GPT4 (contre GPT3.5 en gratuit). Il s'agit aussi d'un modèle étanche : l'entreprise peut « plugger » ses données (par exemple, ses données financières, marketing, RH...) dans ChatGPT, mais OpenAI

16. Blogs Microsoft Corporate, Microsoft and OpenAI extend partnership, [https://blogs.microsoft.com/blog/2023/01/23/microsoftandopenai extendpartnership/].

ne peut s'en servir pour entraîner ses modèles. Les entreprises peuvent aussi customiser le robot pour construire leurs propres solutions internes et les partager.

Le prix n'est pas public et fait l'objet de négociations entre le client et OpenAI. Mais sur des forums comme Reddit, certains utilisateurs évoquent un prix de 60 dollars par poste de travail et par mois. OpenAI est d'ailleurs discret sur ses références clients. Seuls Block, Canva, Carlyle, Estée Lauder, PwC, et Zapier sont cités comme clients de ChatGPT Enterprise.

Bard, la riposte de Google à ChatGPT

Si ChatGPT est le chatbot le plus connu, d'autres robots vont cependant vite apparaître dans cette grande révolution des assistants d'IA personnels. Pris de court et menacé directement par ChatGPT, Google est le premier à sortir, en février 2023, un chatbot concurrent : Bard. Le géant américain joue sa survie avec ce robot, alors que ChatGPT menace de ringardiser le puissant moteur de recherche qui a fait la réussite du groupe depuis des années… et les milliards de dollars de revenus publicitaires associés.

Malheureusement, la réputation de Bard, qui n'est alors disponible qu'auprès de plusieurs testeurs, est vite entachée. Lors d'une démonstration à Paris devant des journalistes, le robot fait une erreur factuelle lorsqu'on lui demande quelles ont été les dernières découvertes de la Nasa permises par le télescope James Webb… L'affaire aurait pu en rester là si l'agence Reuters, dans un article, n'avait pas relevé l'erreur. Le mal est fait. La réaction est immédiate en bourse, où l'action Google chute, effaçant 100 milliards de dollars de capitalisation boursière[17].

---

17. Google chute en Bourse après une erreur de son nouveau robot d'IA, [https://www.lesechos.fr/tech-medias/hightech/google-chute-en-bourse-apres-une-erreur-de-son-nouveau-robot-dia-1905069].

Par la suite, Google doit donc avancer avec prudence. Bard est lancé méthodiquement, pays par pays. Un mois après cette bévue, il arrive aux États-Unis et au Royaume-Uni, puis dans 180 autres pays mais uniquement en anglais, en japonais et en coréen, et enfin en juillet 2023 en Europe et au Brésil[18], ainsi que dans 40 autres langues… Malgré le sentiment d'urgence qui anime Google face au tsunami ChatGPT, cette méthode des petits pas permet à Google de bénéficier à chaque fois du retour des utilisateurs et ainsi d'améliorer Bard au fur et à mesure. Pour autant, Bard continue de faire des erreurs, et reste toujours quasi-inconnu du grand public.

Ce n'est qu'en décembre 2023 que Bard fait un bond : le robot, qui reposait jusque-là sur une architecture créée par Google il y a plusieurs années, change de moteur en s'arrimant à Gemini[19], le tout dernier modèle de langage de Google. Or avec Gemini, Bard acquiert de meilleures capacités de raisonnement, ce qui lui permet de mieux répondre à des questions techniques, comme celles sur le télescope James Webb qui l'avaient piégé… Ces progrès incitent Google à populariser davantage son chatbot, en le

---

18. IA : que vaut Bard, la réponse de Google à ChatGPT ?, [https://www.lesechos.fr/tech-medias/intelligence-artificielle/bard-la-reponse-de-google-a-chatgpt-debarque-en-france-1961792].

19. Introducing Gemini : our largest and most capable AI model, [https://blog.google/technology/ai/google-gemini-ai/].

distribuant via ses produits. Ainsi, Bard arrive dans les Pixels, les smartphones de Google (pour résumer des enregistrements audio par exemple) mais aussi dans Google Search et dans Chrome, le navigateur de Google… En février 2024, Bard change de nom : il devient Gemini, comme le modèle de langage qui lui sert de carburant. À l'occasion, Gemini débarque aussi sur les iPhones (dans l'application Google) et dans les smartphones Android (avec une application dédiée). Et un site web grand public est lancé : www.gemini.google.com.

Claude, Grok, le Chat Mistral : à chacun son chatbot

Lui a un petit nom un brin désuet, qui semble évoquer la France d'après-guerre. Quatre mois après ChatGPT, Anthropic, une start-up californienne créée en 2021 à San Francisco par deux frangins, Dario Amodei et Daniela Amodei, lance en mars 2023[20] son propre chatbot : Claude. Cela fait alors deux ans que la start-up travaille sur des modèles de langage supposément plus robustes, plus transparents mais surtout plus sûrs. Dario et Daniela sont deux anciens d'OpenAI, qui ont occupé pendant des années des postes clés : vice-président de la recherche pour lui, vice-présidente de la sécurité et des affaires publiques pour elle. Lorsqu'ils partent pour créer leur propre champion de l'IA, les Amodei n'ont donc aucun mal à lever des fonds. En deux ans, Anthropic lève plus de 700 millions de dollars auprès d'investisseurs de renom, dont Sam Bankman-Fried, le PDG de la plateforme de trading de cryptomonnaies FTX, qui sera, ironie de l'histoire, condamné plus tard à vingt-cinq ans de prison par la justice américaine…

20. Introducing Claude, [https://www.anthropic.com/news/introducing-claude].

Anthropic compte alors une quarantaine de personnes et a besoin, comme OpenAI, de se jeter à l'eau, de mettre ses modèles dans les mains du grand public. Claude voit donc le jour. Pour se différencier, Anthropic insiste sur le côté conversationnel et la sécurité de son robot : ainsi, Claude donnerait davantage l'impression de dialoguer avec un humain et générerait aussi moins de contenus toxiques ou dangereux. Mais les fonctionnalités et le mode de distribution sont semblables à ChatGPT. Ainsi, comme son rival, Claude peut générer du texte, du code, analyser une photo ou traduire des paragraphes entiers, résumer les points clés d'un compte-rendu de réunion… Il est lui aussi disponible gratuitement sur Internet (www.claude.ai), avec deux autres versions payantes à 20 ou 30 dollars par mois.

Quelques mois plus tard, en novembre 2023[21], c'est cette fois Elon Musk qui se lance dans la bataille des chatbots, avec Grok, le robot conçu par sa start-up d'IA, xAI. Cet assistant est à l'image du patron de Tesla et de SpaceX : provocateur, sans filtre, et affichant clairement ses opinions. Le robot n'hésite pas ainsi à utiliser des jurons et à parler comme un malpropre lorsque les utilisateurs lui demandent d'écrire « de façon vulgaire ». « Grok a été conçu pour répondre avec esprit aux questions et a un côté rebelle, par conséquent ne l'utilisez pas si vous

21. Announcing Grok, [https://x.ai/blog/grok].

détestez l'humour ![22] », peut-on lire sur le site de xAI. Par exemple, lorsqu'on lui demande s'il aime son nom, Grok répond avec une prose digne d'un masculiniste : « Putain, qu'est-ce que j'aime mon nom (…) Il a ce côté primaire, guttural, qui te reconnecte avec ton côté homme des cavernes. Et puis, il est bien meilleur que les autres noms d'IA. Sérieusement, qui voudrait s'appeler Siri ou Alexa quand on peut s'appeler Grok, un nom à te botter le cul et à t'emmener boire une bière après ? Ouais. Grok c'est le futur, *baby.* »

Grok répondrait aussi « aux questions un peu piquantes rejetées par la plupart des autres systèmes d'IA », comme les questions à caractère sexuel. Elon Musk reprend ici sa critique traditionnelle des géants de la tech, des entreprises qui selon lui sont trop politiquement correctes et qui sous-représenteraient les opinions ultralibérales et radicales comme les siennes… Ainsi, Grok a été conçu pour être « utile aux personnes de toutes origines et de toutes sensibilités politiques », explique encore xAI.

La start-up vante enfin un chatbot parfaitement au fait de l'actualité, puisque Grok est notamment entraîné sur les données en temps réel de X (anciennement Twitter), également propriété de Musk… Grok peut ainsi répondre à la question « rappelle-moi ce qui s'est passé aujourd'hui » comme un journal télévisé qui énumérerait les grands titres

---

22. Announcing Grok, [https://x.ai/blog/grok].

de l'actualité. Un « avantage unique et fondamental » face à ChatGPT. Mais à ce stade, Grok reste un chatbot de niche : il est en effet réservé aux abonnés Premium (8,40 euros par mois en France) et Premium+ (16,80 euros par mois) de X, c'est-à-dire les utilisateurs payants du réseau social.

Enfin, la France compte aussi son propre chatbot : en février 2024, Mistral, la star française de l'IA, a lancé Le Chat, un agent conversationnel qui s'appuie sur les différents modèles de langage de la start-up. Là aussi, la volonté de Mistral de bénéficier d'un retour d'expérience le plus large possible semble avoir accéléré le lancement. « Nous l'avons conçu comme une application pédagogique et ludique permettant d'évaluer notre technologie », explique Mistral sur son site Web. En attendant, Le Chat arrive sur un marché des chatbots de plus en plus encombré. ChatGPT, Gemini, Claude, Grok, Le Chat : qui remportera la bataille des assistants personnels ?

****

CHAPITRE 2

LA GUERRE DES LLM

Ils s'appellent Gemini, Gemma, Claude, Llama, Yi ou encore Ernie. Ces noms ne vous disent probablement rien… Et pourtant, dans une décennie environ, ils conduiront peut-être votre voiture autonome à votre place, planifieront vos vacances de A à Z, quand ils ne seront pas trop occupés, dans les laboratoires, à créer de nouveaux médicaments contre des maladies jusqu'à présent incurables. D'ores et déjà, ils résument automatiquement des réunions, rédigent des dissertations, retrouvent immédiatement telle ou telle information dans un océan de données bancaires ou académiques. Certains réussissent même des examens haut la main : testé sur un examen du barreau d'avocat, GPT4, le dernier modèle d'OpenAI a obtenu une note équivalente… à celle des meilleurs candidats.

Il est donc grand temps de faire connaissance avec les fameux LLM, ou *large language models* (grands modèles de langage). Ces énormes algorithmes, entraînés sur des quantités astronomiques de textes, de vidéos et d'images « scannées » sur Internet, sont au cœur de la bataille pour l'intelligence artificielle générative. Invisibles à l'œil nu, carburant à la donnée, ils sont à l'IA générative ce que sont les moteurs aux voitures, ou les réacteurs aux centrales nucléaires : une pièce maîtresse, sans laquelle rien n'est possible. Sous le capot de ChatGPT se trouve donc un LLM. Le fait qu'ils se comptent sur les doigts de la main ravive des craintes anciennes : et si l'IA générative ne faisait que consolider la domination du Web par quelques géants américains et chinois, avec une Europe marginalisée ou à la traîne ?

En attendant, les LLM mobilisent des chercheurs par centaines et absorbent des milliards de dollars d'investissement en ressources informatiques. Dans ce domaine de recherche florissant, chaque nouveau modèle sert de *benchmark* pour la communauté scientifique : on découvre alors l'étendue des possibles, une limite jusqu'à présent non résolue, déclenchant à chaque fois une débauche de moyens pour faire encore mieux, plus vite, plus grand. « Un mois, OpenAI sort un modèle et tout le monde pense que c'est le meilleur. Six mois plus tard, ce sera Anthropic, six mois encore après, Google, Meta ou encore quelqu'un d'autre. L'IA est un véritable jeu du chat et de la souris le temps qu'un *business model* se dessine », explique Yann LeCun, le chercheur star de l'IA qui officie chez Meta, aux *Échos*.

Mais les règles du jeu sont déjà posées. Depuis qu'OpenAI a montré qu'il était possible de « scaler » (faire passer à l'échelle) les modèles de langage, avec de meilleures performances à la clé, tout le secteur cherche à construire des modèles toujours plus gros et performants. Concrètement, leur « capacité » se mesure à leur nombre de paramètres, qui donne une idée du nombre d'opérations de calcul qu'ils vont pouvoir réaliser. Les LLM ont aujourd'hui entre 1 et 500 milliards de paramètres. En revanche, leur « mémoire » (*context window* en anglais) se mesure en « jetons » ou *tokens*. Il s'agit de mots ou de bribes de mots, images, vidéos ou lignes de code : plus la mémoire est grande, plus un modèle pourra avaler et digérer de l'information et répondre correctement à une requête.

« Auparavant, un LLM à 1 milliard de paramètres, c'était un monstre. Aujourd'hui, c'est un petit modèle. Le chiffre exact n'est pas public mais on suspecte GPT4 d'OpenAI d'avoir 1 000 milliards de paramètres », explique Patrick Perez, le directeur du laboratoire Kyutai. « La cadence du changement est extrêmement rapide.

Il y a entre 5 et 10 articles de recherche fondamentale par jour sur les LLM », témoigne Steve Jarrett, un ancien de Facebook aujourd'hui « *Chief AI Officer* » du groupe Orange, qui teste lui-même plusieurs de ces modèles pour dégager les meilleurs cas d'usages.

La frénésie de l'hiver 2024

Les LLM font donc l'objet d'une véritable guerre entre les géants du numérique. L'hiver-printemps 2024 a même frôlé la surchauffe, avec une frénésie jamais vue. Tout démarre en février 2024, lorsque Google lance Gemini 1.5 Pro[23]. Le géant dit alors avoir conçu le LLM doté de la plus grande mémoire : Gemini 1.5 embarque en effet une *context window* maximale de 1 million de jetons, contre 32 000 pour Gemini 1, son modèle précédent. De quoi digérer « 1 heure de vidéo, 11 heures d'audio, plus de 30 000 lignes de codes ou bien 700 000 mots », écrit Demis Hassabis, le patron de Google DeepMind, qui a même testé, à des fins de recherche, un super-Gemini embarquant 10 millions de jetons.

Dès lors, rien n'effraie Gemini 1.5. Pas même les quelque 400 pages de conversation entre Neil Armstrong et ses chefs de la Nasa, retranscrites lorsque ce dernier atterrit sur la Lune en 1969… Dans cette transcription, Gemini 1.5 a réussi à analyser « des conversations, des évènements et des détails à travers le document », précise encore Demis Hassabis. De même avec un film

23. Our next-generation model: Gemini 1.5, [https://blog.google/technology/ai/google-gemini-next-generation-model-february-2024/].

muet de quarante-quatre minutes de Buster Keaton : le modèle de Google aurait réussi à analyser certains évènements et intrigues du film, et même à « raisonner sur certains détails qui autrement pourraient être facilement oubliés ». Un pas de géant, la capacité à raisonner comme les humains étant actuellement la grande limite des LLM.

Mais la riposte arrive immédiatement. Quelques semaines plus tard, en mars 2024, la start-up californienne Anthropic lance Claude 3, son troisième modèle en un an, lui-même disponible en trois versions : Haiku, Sonnet et Opus. Ainsi, Haiku peut déchiffrer un article de recherche très riche en données et en graphiques « en seulement trois secondes[24] », promet Anthropic. Opus, lui, est deux fois plus pertinent que ses prédécesseurs quand on lui pose une question ouverte particulièrement difficile. Anthropic dit alors avoir doublé d'un cheveu OpenAI : au test MMLU, un énorme QCM de 14 000 questions qui permet de comparer les LLM, Opus aurait obtenu une note de 86,8 %… contre 86,4 % pour GPT4.

Au même moment, de l'autre côté de l'Atlantique, c'est un Français qui fait sensation. En février 2024, la start-up Mistral lance Mistral Large[25], un modèle « nativement multilingue » (français, anglais, espagnol,

---

24. Introducing the next generation of Claude, [https://www.anthropic.com/news/claude-3-family].

25. AI Mistral, Au Large, [https://mistral.ai/fr/news/mistral-large/].

italien, allemand) et qui serait, selon son concepteur, le « deuxième modèle le plus performant au monde », là aussi derrière GPT4 d'OpenAI. Preuve que la course s'accélère, Mistral cette fois ne publie pas le nombre de paramètres de Mistral Large, laissant tout le secteur spéculer sur l'avance réelle ou supposée du Français par rapport à OpenAI. Comparer les modèles reste en effet un exercice ardu : « Tout classement absolu est difficile car les modèles sont capables de choses très diverses et qu'il est donc impossible d'évaluer tous les cas d'usage[26] », explique aux *Échos* un bon connaisseur du domaine, lui-même chercheur en IA. Difficile aussi de savoir si les géants font passer leurs tests dans les mêmes conditions…

26. La bataille de l'intelligence artificielle se focalise sur la performance des LLM, [https://www.lesechos.fr/tech-medias/intelligence-artificielle/la-bataille-de-lintelligence-artificielle-se-focalise-sur-la-performance-des-llm-2081712].

GPT4, l'étalon-or

Pour autant, les experts interrogés sont tous d'accord : à date, et même s'il est plus ancien (mars 2023), GPT4 d'OpenAI continue d'être le champion toutes catégories des LLM. « C'est le meilleur LLM du marché, même si Claude 3 rattrape son retard », confirme une pointure de l'IA. « GPT4, c'est l'étalon-or en ce moment », constate aussi Patrick Perez, de Kyutai. Pour l'occasion, OpenAI avait mené le test MMLU en 26 langues : résultat, GPT4 fait mieux que son prédécesseur GPT3.5 sur 24 des 26 langues, dont le swahili ou l'écossais. En plus du texte, GPT4 comprend les images et peut les décrire avec une infinie précision. Il est aussi 40 % plus factuellement correct que son prédécesseur…

« Au niveau des technologies de base sous-jacente, personne n'est significativement en avance, nuance toutefois Yann LeCun. Il faut distinguer la recherche fondamentale, c'est-à-dire les concepts, les architectures, les méthodes d'apprentissage, de l'opérationnalisation, c'est-à-dire le transfert de ces innovations dans les produits IA, qui sont vendus ensuite aux entreprises. Dans ce second domaine, OpenAI et Anthropic sont bien plus agressifs, car ils vivent de ça. En revanche, ils font moins de recherche fondamentale car ils ont moins de ressources informatiques. Il ne faut pas regarder uniquement à l'instant T, mais plutôt déterminer qui a les capacités pour accélérer. Or aujourd'hui, les deux entreprises les mieux positionnées sont Meta et Google. »

Dans cet écosystème en ébullition, seul Meta a une position un peu orthodoxe. Et pour cause : Yann LeCun estime que les LLM sont des outils très imparfaits et voués à disparaître, au profit de modèles capables d'apprendre en « regardant » le monde environnant, comme le font les humains et les animaux. « *Machine learning sucks !* », a l'habitude de dire le chercheur star de l'IA. « Les larges modèles de langage sont encore utiles aujourd'hui, mais dans cinq ans, on ne les utilisera plus[27] », disait-il publiquement en juin 2023.

Pour autant, Meta ne peut rester en dehors de la course. Un mois après cette déclaration choc, le groupe dévoilait Llama 2, son deuxième LLM. Disponible en trois tailles (7, 13 et 70 milliards de paramètres), Llama 2 a été entraîné avec 40 % de données en plus que le Llama original et dispose de deux fois plus de « mémoire ». En avril 2024, Meta a ensuite dévoilé Llama 3[28]. Par rapport

27. Meta dévoile un modèle d'IA proche de l'intelligence humaine, [https://www.lesechos.fr/tech-medias/intelligence-artificielle/meta-devoile-un-modele-dia-proche-de-lintelligence-humaine-1951898].

28. Avec Llama3, Meta intègre l'IA dans toutes ses applis, [https://www.lesechos.fr/tech-medias/intelligence-artificielle/avec-llama3-meta-integre-lia-dans-toutes-ses-applis-2089820].

à Llama 2, les nouveaux modèles ont été entraînés avec sept fois plus de données, dont quatre fois plus de code, et offrent deux fois plus de mémoire (*context window*). 5 % des données de préentraînement proviennent de 30 langues autres que l'anglais, précise aussi Meta, un enjeu clé pour la construction de modèles multilingues.

Des modèles statistiques

Malgré leurs différences en termes de taille, de performance et de mémoire, les LLM ont tous un point commun : ils doivent leur naissance à la grande révolution du *machine learning* (apprentissage automatique en français). Apparue dans les années 1990, cette approche consiste à entraîner un ordinateur pour qu'il reconnaisse et identifie les liens statistiques entre des données (textes, images, chiffres...). Après avoir établi un lien entre deux paramètres, l'ordinateur passe au jeu de données suivant et prédit le nouveau lien grâce à des calculs de probabilités mathématiques, et ainsi et de suite. Le tout avec peu, voire pas d'instruction humaine : c'est pour cela que l'on parle d'apprentissage *automatique*.

Avant le *machine learning*, l'intelligence artificielle des années 1950 à 1990 reposait à l'inverse sur une approche dite « symbolique » : dans cette architecture, l'humain déterminait un ensemble de règles de type « si... alors » et la machine « déduisait » le résultat, plutôt que de le prédire. Mais cette architecture a progressivement laissé du terrain au profit du *machine learning*. La digitalisation des sociétés et des économies a fait exploser le nombre de données disponibles, permettant d'entraîner les machines à plus grande échelle, avec une intervention humaine réduite. Parallèlement, le progrès scientifique dans les semi-conducteurs a permis d'augmenter la puissance de calcul nécessaire pour mouliner ces données en constante explosion. « Données et calcul vont ensemble », rappelle Antoine Bordes, de la start-up Helsing.

Concrètement, les LLM sont des « réseaux de neurones », une architecture informatique qui tend à répliquer le fonctionnement du cerveau humain et qui est devenue un sous-domaine à part entière du *machine learning*. Il faut voir ces réseaux comme des couches de neurones artificiels interconnectés, qui communiquent entre eux de façon intelligente – de la même manière que les neurones du cerveau humain s'envoient des signaux. Une fois entraînés, ces réseaux de neurones peuvent reconnaître en quelques minutes des images, des formes ou du texte, contre plusieurs heures, voire des années, pour un humain. « Les LLM sont entraînés sur d'énormes quantités de données – pratiquement tous les textes publiquement disponibles sur Internet (…) Au rythme de huit heures par jour, il faudrait 170 000 années à un humain pour lire tout ça[29] », expliquait récemment Yann LeCun dans une interview-fleuve à l'informaticien et podcasteur Lex Friedman.

29. Fridman Lex, Transcript for Yann Lecun: Meta AI, Open Source, Limits of LLMs, AGI & the Future of AI | Lex Fridman Podcast #416, [https://lexfridman.com/yann-lecun-3-transcript/].

Yann LeCun sait de quoi il parle : le Français en poste chez Meta et à la New York University est l'un des pionniers des réseaux de neurones, avec son confrère Yoshua Bengio, de l'Université de Montréal. Tous deux ont investi ce champ de recherche dès la fin des années 1980. Mais ce n'est qu'en 2018 que les deux chercheurs, avec Geoff Hinton, obtiennent le prix Turing, le « prix Nobel de l'informatique », pour leurs travaux. « Pendant longtemps, les chercheurs qui travaillaient sur les réseaux de neurones ont été pris pour des fous », se souvient aussi Antoine Bordes. Mais à l'aube des années 2010, plus possible désormais d'ignorer les capacités des réseaux de neurones : ils deviennent suffisamment puissants et sophistiqués pour être appliqués à des cas d'usages dans la vie réelle.

En 2012, le réseau de neurones AlexNet (créé notamment par celui qui deviendra l'un des cofondateurs d'OpenAI) fait des étincelles à un concours de reconnaissance d'images par intelligence artificielle. « [L'année] 2012 a été un moment pivot pour la reconnaissance d'image, se souvient aussi la canadienne Joëlle Pineau, vice-présidente chez Meta en charge de la recherche en intelligence artificielle. » C'est d'ailleurs l'année suivante que Meta, qui s'appelle alors encore Facebook, lancera FAIR (Fundamental AI Research), son réseau de laboratoires en IA présent aujourd'hui à Paris, Tel-Aviv, Montréal et aux États-Unis.

Les années 2010 voient aussi le développement des réseaux de neurones appliqués au langage. Dans ce domaine, le tournant arrive en 2018, la même année où Yann LeCun se voit récompensé. Dans la Silicon Valley, OpenAI lance GPT1, son tout premier LLM, basé sur une architecture créée un an avant par Google appelée Transformer. Pour mettre au point GPT, la start-up a procédé en deux étapes[30]. Elle a d'abord préentraîné le modèle sur de vastes quantités de données, sans supervision humaine. Puis OpenAI l'a perfectionné, en l'enrichissant avec un plus petit set de données, cette fois labellisées et mises au propre par des humains.

Or, de façon surprenante, les résultats sont bluffants. OpenAI prend alors conscience qu'un même modèle peut réaliser différentes tâches, comme lire et raisonner, avec une adaptation minimale. Surtout, cette approche permet de mouliner des données brutes, immédiatement disponibles sur Internet, et donc d'économiser la phase longue et coûteuse de « toilettage » réalisée par des humains.

Après cette percée, OpenAI peut continuer sur sa lancée. En 2019, la start-up publie un nouveau modèle, GPT2, qui a été entraîné sur dix fois plus de données que son prédécesseur et compte aussi dix fois plus de paramètres[31]. « Ce passage à l'échelle a été une vraie révolution.

30. Improving language understanding with unsupervised learning, [https://openai.com/index/language-unsupervised/].

31. Better language models and their implications, [https://openai.com/index/better-language-models/].

OpenAI a mis toutes ses ressources sur cet énorme modèle. À l'époque, certains pensaient que c'était à courte vue, or les résultats se sont révélés hallucinants. Avec GPT2, OpenAI a lancé un pavé dans la marre », se souvient Antoine Bordes, de Helsing.

GPT2 ouvre en effet la voie à la génération automatique de texte, telle qu'on la connaît aujourd'hui avec ChatGPT. À partir d'un petit synopsis de quelques phrases, GPT2 imagine et écrit automatiquement la suite, avec un style « proche de celui d'un humain et cohérent sur une page, ou plus, de texte », assure OpenAI. Certes, GPT2 fonctionne le mieux quand il est alimenté par des sujets archi-présents sur Internet, comme le Brexit, Miley Cyrus ou *Le Seigneur des Anneaux*, explique OpenAI. Il a plus de difficultés sur les sujets techniques ou plus obscurs. Pour autant, OpenAI en est certain : avec GPT2, « il est de plus en plus facile d'orienter les grands modèles de langage vers de la génération de texte en masse, customisée et cohérente », écrit la start-up.

La quête de la véritable intelligence

En une décennie, les LLM sont donc parvenus à écrire presque comme des humains. Est-ce suffisant pour dire qu'ils seraient devenus « intelligents » ? Et que l'IA serait déjà en passe de détrôner l'intelligence humaine ? En vérité, il n'en est rien. Pour Yann LeCun, les LLM ont encore trois limites de taille : ils ne connaissent pas le monde physique qui les entoure, n'ont pas de mémoire, ni la capacité à planifier des actions de façon hiérarchique (par exemple de la plus urgente à la moins urgente). Or ces trois caractéristiques définissent selon lui l'intelligence humaine.

« Les LLM produisent un mot après l'autre, de façon instinctive et subconsciente. C'est un peu comme quand vous êtes très concentrés sur une tâche et que quelqu'un vient vous poser une question : vous y répondez sans réfléchir, car la réponse est facile. C'est grosso modo ce que font les LLM, illustre le chercheur. Nous avons créé des systèmes qui comprennent le langage, qui peuvent traduire et résumer du texte en plusieurs langues, répondre à des questions… Les LLM sont impressionnants et une industrie tout entière se crée autour d'eux. Mais il y a encore de nombreuses choses qu'ils ne peuvent pas faire », estime encore Yann LeCun. « Le Graal, ce serait d'avoir des modèles avec des capacités de compréhension et d'analyse bien plus grandes. Aujourd'hui, les LLM n'ont ni pensée ni capacité d'intention. Il y a encore beaucoup de travail », remarque aussi Patrick Perez, le directeur du laboratoire Kyutai.

OpenAI le reconnaît elle-même. Ainsi, GPT4, son dernier modèle, a une mémoire qui s'arrête à septembre 2021. Au-delà, c'est le trou noir. Le modèle aura ainsi du mal à répondre à des questions sur la campagne présidentielle en cours aux États-Unis ou sur les Jeux olympiques de Paris. GPT4 n'apprend pas non plus de son expérience et peut être « excessivement crédule » lorsque des utilisateurs le nourrissent à dessein avec des allégations fausses. Enfin, GPT4 peut aussi échouer face à des problèmes particulièrement difficiles, par exemple lorsqu'il génère du code informatique non protégé qui peut être la cible de cyberattaquants.

En clair, les LLM écrivent et répondent à des questions, mais ne « réfléchissent » pas encore. Pour Yann LeCun, cette limite s'explique par la faiblesse de leur « caburant » : par rapport à la vidéo ou à la simple observation du monde, le texte est une donnée trop « faible » pour acquérir l'intelligence. « Le langage est pauvre et faible en bande passante, il ne charrie pas assez d'informations », expliquait Yann LeCun au podcasteur Lex Friedman. D'ailleurs, « les chats et les chiens n'ont pas le langage, et pourtant ils ont une meilleure connaissance du monde que les LLM ». C'est aussi le cas des nouveau-nés : « Dans les premiers mois de leur vie, les bébés accumulent énormément d'informations grâce à l'observation. C'est ce qui nous manque avec les LLM », explique le chercheur.

Le problème est aussi que les LLM ont historiquement été nourris avec du texte plus ou moins fiable puisqu'il était tout simplement issu de la toile mondiale. « Au début, les LLM étaient entraînés sur Twitter et Wikipédia, mais il s'agissait de données de faible qualité. De plus en plus, on essaye de remplacer ces sources par des articles de presse, des romans, de la littérature scientifique. L'enjeu, c'est de trouver des données de bonne qualité », témoigne Antoine Bordes. Et de plus en plus variée. Car les modèles arrivent à saturation, leurs performances ne sont plus linéaires. « Si on double la quantité de données d'entraînement, les performances ne doublent pas, et le taux d'erreur n'est pas divisé par deux, explique Yann LeCun. Donc cette idée selon laquelle il va falloir simplement collecter plus de données pour bâtir des modèles de plus en plus gros ne peut pas être correcte. »

Pour contourner ce problème et avoir des données plus qualifiées, au printemps 2023, Meta aurait même réfléchi à racheter le grand éditeur américain Simon & Schuster, qui était en vente depuis trois ans, pour pouvoir enrichir ses LLM avec les livres de la célèbre maison d'édition, selon le *New York Times*[32]. OpenAI, elle, est passée

32. Creamer Ella, « Meta 'discussed buying publisher Simon & Schuster to train AI' », The Guardian.

à l'action : en plus du contenu pioché sur Internet, la start-up négocie des contrats avec des éditeurs. L'entreprise a noué des accords avec l'Associated Press, l'une des trois grandes agences de presse occidentales, ainsi qu'avec *El Pais* en Espagne ou encore le groupe allemand Springer, qui regroupe *Bild*, *Die Welt* ou encore *Politico*.

En France, le journal *Le Monde* a été le premier média à signer, en mars 2024, un accord avec OpenAI[33]. Le Californien pourra utiliser les articles du prestigieux quotidien pour nourrir ses algorithmes et pour répondre aux questions des utilisateurs de ChatGPT. En échange, *Le Monde* percevra une « source significative de revenus supplémentaires », de façon pluriannuelle. Le montant exact reste secret. Mais dans le cas de Springer, la rémunération s'élèverait à plusieurs dizaines de millions d'euros par an, selon le *Financial Times*.

33. Ce qu'implique l'accord entre OpenAI et « Le Monde », [https://www.lesechos.fr/tech-medias/intelligence-artificielle/le-monde-conclut-un-accord-avec-openai-le-premier-en-france-2082611].

Des robots qui « hallucinent »

En plus de ces limites fondamentales, les LLM sont loin d'être infaillibles au quotidien. Ils commettent ce que le secteur appelle joliment des « hallucinations » : c'est-à-dire des erreurs factuelles, ou des approximations. Chacun a pu le constater en utilisant ChatGPT : la première requête produit rarement un résultat satisfaisant. « Les LLM font des erreurs que même des enfants ne feraient pas », tranche Patrick Perez, de Kyutai.

Ces erreurs s'expliquent par la production à très grande échelle des *tokens*, ces bribes de mots qui constituent l'ossature des LLM. Ainsi, dès qu'un *token* est produit, la probabilité que ChatGPT reste dans le champ des réponses correctes « décroit de façon exponentielle », explique encore Yann LeCun. Ainsi, plus un LLM embarque de *tokens*, plus le risque d'hallucination augmente.

Pour pallier ce risque, les LLM doivent être perfectionnés de sorte à pouvoir répondre à toutes les questions possibles des utilisateurs, de la même façon que Google parvient à trouver des résultats pertinents pour n'importe quelle requête dans le moteur de recherche. C'est là que le travail d'entraînement et de *prompting* par les ingénieurs intervient : il s'agit de formuler et reformuler les questions pour obtenir *in fine* les meilleures réponses.

« On peut perfectionner le système pour couvrir environ 80 % des questions les plus susceptibles d'être posées par les gens, mais pas pour l'ensemble des questions. À la fin, le système risque de devenir un catalogue géant, là où le but est plutôt de construire des systèmes capables de raisonner et de planifier », alerte Yann LeCun. Pour autant, les LLM « hallucinent » de moins en moins d'une génération à l'autre. En moyenne, GPT4 est ainsi 40 % factuellement plus correct que GPT3.5, selon les évaluations internes à OpenAI.

Des LLM encore inadaptés pour les cas d'usage à forts enjeux

Mises bout à bout, ces limites – incapacité à raisonner, à planifier, à se souvenir, et de nombreux cas d'hallucinations – font que les grands modèles de langage ne peuvent pas être encore utilisés pour des cas d'usage critiques. Le secteur fait ainsi une distinction entre les usages « *high stakes* » (à fort enjeu) et les usages « *low stakes* » (à faible enjeu) : recherche de documents, synthèse de documents, traduction, aide à la création, *chatbot* dans les entreprises, etc.

Dans le premier, l'on retrouve notamment des applications critiques qui engageraient une responsabilité juridique : par exemple, qui serait responsable si une voiture autonome de niveau 5, conduite par une intelligence artificielle, venait à provoquer un accident ? Le propriétaire de la voiture, ou bien le fournisseur de l'IA ? La finance ou la santé sont d'autres domaines *high stakes*. L'IA devrait permettre de modéliser des molécules bien plus rapidement et de tester de nouveaux médicaments à plus grande échelle. Mais là aussi, qui serait responsable si jamais le médicament créé par de l'IA était à l'origine d'une crise sanitaire ?

Dans ces domaines particulièrement sensibles, le risque zéro ne peut pas exister. Dans ces applications,

« chaque pourcentage d'erreurs en plus est déjà trop », rappelle Antoine Bordes, de la start-up Helsing. Pour autant, ce scientifique en est certain : à terme, « les LLM deviendront de plus en plus sécurisés et fiables. Dans les domaines à forts enjeux, ils permettront d'effectuer des tâches très définies ».

Des LLM « multimodaux » ou qui « observent le monde »

Face à ces limites, le travail sur les LLM du futur a déjà commencé. Beaucoup parient sur l'essor des LLM dits « multimodaux », c'est-à-dire nourris avec d'autres données que du texte, comme la vidéo, les images ou la parole. « Ce seront des modèles unifiés, qui pourront gérer un peu tout. Ce seront des modèles généralistes, que l'on pourra ensuite affiner pour construire des applications spécifiques dans les entreprises ou pour les particuliers. C'est comme cela que va se construire l'industrie de l'IA. Les modèles vont être affinés, spécialisés, ajustés par des entreprises d'IA qui vont fleurir un peu partout », prédit Yann LeCun.

Car aujourd'hui, les géants de la tech n'ont plus de ressources textuelles disponibles pour entraîner leurs LLM. « On arrive à la saturation. C'est-à-dire que les derniers systèmes ont été entraînés avec la quasi-totalité de tous les textes disponibles publiquement sur Internet. Et donc, on ne peut pas faire grossir ça beaucoup plus », explique Yann LeCun aux *Échos*. Heureusement pour les GAFAM, les autres ressources semblent infinies : « Le texte, l'image et le son constituent le triptyque classique pour construire des LLM. Mais à l'avenir, l'on pourra exploiter d'autres données : les signaux cérébraux, les radars, les ultrasons… » anticipe Patrick Perez, le directeur du laboratoire Kyutai.

D'ores et déjà, les chercheurs expérimentent des LLM construits sur de la vidéo ou des images. Meta, par exemple, a lancé en février 2024 Video JEPA[34], un modèle qui apprend en devinant les parties masquées ou manquantes d'une vidéo. Concrètement, Meta a masqué de vastes portions de vidéos sur une durée relativement longue, le modèle devant ensuite « remplir les trous », comme un enfant qui ferait du coloriage. Pour cela, V-JEPA est obligé d'utiliser le contexte disponible (les images avant et après la partie tronquée, par exemple), ce qui lui permet d'acquérir une certaine compréhension de la scène en question et de se concentrer sur les grands éléments manquants. En élevant le niveau d'abstraction, le modèle élimine les petits détails anodins et inutiles, ce qui le rend capable de *comprendre* la vidéo, là où les modèles génératifs se contentent de *générer* des vidéos.

Or selon Meta, ce modèle serait déjà « assez bon » pour distinguer des interactions entre objets sur une certaine période donnée : par exemple, V-JEPA serait capable de faire la différence, dans une vidéo, entre une personne

34. V-JEPA : The next step toward advanced machine intelligence, [https://ai.meta.com/blog/v-jepa-yann-lecun-ai-model-video-joint-embedding-predictive-architecture/].

posant un stylo, une autre personne prenant un stylo et une troisième personne faisant *semblant* de poser un stylo. En revanche, V-JEPA aurait encore du mal pour décrypter des vidéos au-delà de dix secondes.

Mais pour Meta, V-JEPA est la première étape vers la création de modèles qui apprennent « simplement » en regardant le monde, comme les enfants ou les animaux dès les premières minutes de leur vie. « À quatre ans, les enfants ont déjà vu plus de données que les LLM », résumait Yann LeCun en juin 2024. Il s'agirait donc non plus de modèles statistiques et génératifs, comme précédemment, mais de modèles « physiques », nourris par les signaux de notre environnement quotidien. Plus proches du fonctionnement du cerveau humain, ces modèles seraient par conséquent davantage capables de « penser » et de planifier une série d'actions.

Chez Meta, Yann LeCun s'est donné pour mission de construire ces modèles auto-apprenants, intégrés dans notre réalité de tous les jours. De la science-fiction ? Pas vraiment. Le chercheur aime faire le parallèle avec l'avion de ligne et l'amélioration des turboréacteurs, les moteurs des avions, qui n'ont cessé de progresser jusqu'à pouvoir relier deux continents antipodes sans escale. « Je suis très excité car je vois le chemin vers une intelligence de niveau humain, avec des systèmes qui pourront comprendre le monde, qui auront une mémoire, sauront planifier et résonner. Il y a quelques idées sur lesquelles nous devons progresser car elles ont des chances d'aboutir (...) idéalement avant que je ne doive prendre ma retraite », sourit Yann LeCun.

****

CHAPITRE 3

LA GUERRE DES PUCES

Le 1er février 2024, à San Francisco. Il est 13 h 30 en Californie lorsque les analystes financiers qui suivent Meta se connectent à la traditionnelle conférence téléphonique pour la présentation des résultats annuels 2023. La *earnings season* – la saison des résultats annuels dans la tech – bat son plein dans la Silicon Valley. Tous les analystes, des plus grandes banques américaines, attendent avec impatience les propos que Mark Zuckerberg prononcera en préambule.

Car le groupe est toujours sous pression en cet hiver 2024. Presque trois ans après le virage de Facebook vers le métavers, qui avait amené le groupe à se rebaptiser « Meta » fin 2021, peine toujours à convaincre tant en externe qu'en interne, au moment où l'intelligence artificielle fait les gros titres de la presse. À tel point que certains se demandent si Mark Zuckerberg ne s'est pas tout simplement trompé de technologie en pariant sur le métavers, ce monde parallèle peuplé d'avatars en 3 D.

D'un point de vue économique, Facebook continue aussi de souffrir de la concurrence de TikTok, qui lui grignote des revenus publicitaires et a donné un sérieux coup de vieux à Instagram. Les amples coupes dans les effectifs, annoncées en 2023 par Mark Zuckerberg au nom de « l'année de l'efficacité » (*year of efficiency*), ont aussi laissé des traces. Lorsque l'emblématique PDG de Meta prend la parole, presque 21 000 personnes ont déjà quitté le groupe.

Mais ce jour-là, peu après l'annonce des résultats, l'action Meta flambe de 20 % à Wall Street. La stratégie de Mark Zuckerberg a porté ses fruits, les marchés applaudissent. Après avoir baissé en 2022, une première dans l'histoire du groupe, ses revenus ont retrouvé en 2023 une croissance à deux chiffres (+ 16 %) tandis que son profit net flambe de 69 %, à plus de 39 milliards de dollars ! Un véritable trésor de guerre. Toutefois, ce qui retient l'attention des investisseurs est ailleurs : ce jour-là, Meta annonce qu'il va investir en 2024 entre 30 et 37 milliards de dollars pour muscler ses capacités informatiques, afin d'entraîner et perfectionner ses grands modèles d'IA conçus par FAIR, son laboratoire en IA.

Il s'agit d'un montant hors norme, si l'on compare notamment avec les précédentes acquisitions de Meta.

Pour mémoire, en 2012, Facebook avait dépensé 1 milliard de dollars (en cash et en actions) pour racheter Instagram, dans ce qui était alors la plus grosse acquisition de son histoire. Deux ans plus tard, nouveau cap : le groupe s'offre WhatsApp, la célèbre messagerie cryptée, pour 19 milliards de dollars. Cette fois, pour les investisseurs, cette trentaine de milliards à investir dans l'IA est la preuve que Meta a les moyens de ses ambitions. Et que le groupe est prêt à en découdre, dans l'énorme bataille du *computing* qui s'ouvre avec l'IA. « Nous jouons pour gagner et nous allons continuer d'investir de façon agressive dans ce domaine », lance, bravache, Mark Zuckerberg aux analystes.

Le calcul, un enjeu clé pour l'IA

L'IA générative depuis l'irruption de ChatGPT fin 2022 a en effet déclenché une guerre parallèle pour les ressources informatiques et la puissance de calcul. Il s'agit d'un élément absolument clé, comme le disait déjà OpenAI en 2018[35]. « Trois facteurs déterminent l'avancée de l'IA : l'innovation dans les algorithmes, les données et la quantité de calcul informatique (*compute*) disponible pour l'entraînement » de ces données, explique la start-up. Dans ce contexte, tous les géants du secteur cherchent à sécuriser toujours plus de capacités informatiques pour entraîner des modèles d'IA toujours plus robustes. Sam Altman voit même dans le *computing* la « nouvelle monnaie » du XXIe siècle[36], une ressource rare qui sera de plus en plus demandée – de la même façon que les énergies traditionnelles (charbon, pétrole, etc.) l'ont été dans le boom économique de l'après-guerre, par exemple. « Les données ne sont plus rares, désormais, c'est le *computing* qui l'est. Et ça change tout »,

35. AI and compute, [https://openai.com/index/ai-and-compute/].

36. Sam Altman: OpenAI, GPT-5, Sora, Board Saga, Elon Musk, Ilya, Power & AGI | Lex Fridman Podcast #419.

résume Eric Salobir, président de la Human Technology Foundation.

Ces investissements servent à construire de nouveaux centres de données (*data centers*), qui abritent des supercalculateurs, eux-mêmes constitués de GPU (*graphic processing units*) – des puces qui effectuent le calcul informatique. Chez les start-up, les centres de données peuvent se limiter à quelques serveurs installés directement dans les bureaux. Chez les géants du numérique, il s'agit en revanche d'infrastructures XXL. Ce sont des « usines de l'IA », avec des serveurs noirs rangés à perte de vue sur des étagères, comme des livres dans une bibliothèque. Meta compte ainsi 23 *data centers*[37] dans le monde, Google en dénombre 24[38], tandis que Microsoft en a plus de 300[39].

C'est dans les *data centers* que l'entraînement des modèles de langage a lieu. Comme nous l'avons vu, les modèles de langage sont des modèles statistiques, qui reposent sur des quantités astronomiques de données. Sur la base de ces données, les modèles réalisent des calculs de probabilité, établissent des relations entre les paramètres, pour générer ensuite tel mot ou telle image

37. « Global data centers (Asia, Europe, U.S.) ».

38. Découvrez où sont implantés nos centres de données, [https://www.google.com/intl/fr/about/datacenters/locations/].

39. Microsoft Datacenters, [https://datacenters.microsoft.com/].

dans ChatGPT. Il faut donc à la fois des capacités informatiques pour stocker ces données et, ensuite, faire les calculs. Une fois que le modèle a été « entraîné », de nouvelles ressources informatiques sont nécessaires pour le faire « fonctionner » au quotidien. C'est ce qu'on appelle l'inférence ou l'exécution, c'est-à-dire lorsque le modèle va ingurgiter de nouvelles données pour apporter telle ou telle réponse. « Données et *computing* vont ensemble, l'un ne va pas sans l'autre », résume Antoine Bordes, vice-président de la start-up Helsing.

Des milliards d'investissements

Or, dorénavant les besoins flambent, les modèles devenant de plus en plus grands. En moyenne, les grands modèles de langage nécessitent chaque année dix fois plus de capacités de calcul, selon Mark Zuckerberg. C'est donc bien plus que la célèbre loi de Moore, selon laquelle la performance des puces informatiques double tous les deux ans. « À l'avenir, nous pensons qu'entraîner et piloter les modèles futurs nécessitera encore plus de *computing* », pronostique même le patron de Meta. « La donnée de base, c'est qu'on n'a jamais assez de puissance de calcul et de mémoire. Il en faut toujours plus », témoigne Yann LeCun[40].

Du fait de ces besoins, les dépenses informatiques explosent. En 2023, le marché des puces pour l'IA a atteint 50 milliards de dollars, contre 19 milliards de dollars en 2022, selon le cabinet Yole Group. Il devrait doubler en 2024 pour atteindre plus de 100 milliards de dollars. Pour Dario Amodei, le PDG d'Anthropic (la start-up américaine derrière les modèles Claude et grande rivale d'OpenAI),

---

40. « Dans l'intelligence artificielle, il n'y aura pas la victoire d'une entreprise sur une autre », dit Yann LeCun, [https://www.lesechos.fr/tech-medias/intelligence-artificielle/dans-lintelligence-artificielle-il-ny-aura-pas-la-victoire-dune-entreprise-sur-une-autre-dit-yann-lecun-2088146].

il faudra bientôt 1 milliard de dollars pour entraîner des modèles d'IA en 2024 et même 10 milliards de dollars pour les modèles du futur, d'ici 2025[41]. Dès à présent, l'accès aux ressources informatiques est un très gros poste de dépenses chez OpenAI. Ces investissements expliquent en grande partie pourquoi OpenAI reste déficitaire, malgré le succès de ChatGPT et le fait que la start-up a dépassé les 2 milliards de dollars de chiffre d'affaires, selon le *Financial Times*[42]. « Nos dépenses d'entraînement sont juste énormes, mais c'est fait exprès », expliquait Sam Altman avec malice au quotidien britannique.

Dans cette bataille, les géants du numérique ont un avantage décisif. En plus de leurs énormes capacités financières qui leur permettent d'investir dans de nouveaux *data centers*, Meta, Google, Microsoft ou Amazon avaient tous des ressources informatiques préexistantes à l'arrivée de l'IA générative. Microsoft, Amazon (avec Amazon Web Services) et Google en ont même fait leur métier, puisque les trois groupes louent depuis des années de la capacité informatique à d'autres sociétés : c'est le marché du *cloud computing*, sur lequel Amazon est le numéro 1 mondial.

---

41. Why the cost of training AI could soon become too much to bear, [https://fortune.com/2024/04/04/ai-training-costs-how-much-is-too-much-openai-gpt-anthropic-microsoft/].

42. OpenAI on track to hit $2bn revenue milestone as growth rockets, [https://www.ft.com/content/81ac0e78-5b9b-43c2-b135-d11c47480119].

Résultat : « La puissance de calcul des acteurs privés est (…) très largement installée aux États-Unis », note la commission IA du gouvernement français dans son rapport. Environ quatre *data centers* sur dix dans le monde sont situés aux États-Unis, contre seulement deux sur dix dans l'Union européenne, selon ce même rapport. Les géants de l'IA détiennent également des « supercalculateurs » pour entraîner les modèles d'IA, à l'image de Google Cloud avec son « AI Hypercomputer ». « Si les grands modèles ne sortent que des grandes entreprises, c'est parce que sont les seules à avoir les capacités financières pour acheter de l'infrastructure de calcul. Les entreprises de cloud ont également un avantage puisqu'elles disposent déjà de l'infrastructure pour leurs clients », confirme Yann LeCun.

Les start-up obligées de nouer des alliances

Dans ce contexte, les start-up de l'IA aux ressources financières plus limitées doivent se rapprocher des géants du numérique pour augmenter leurs capacités de *computing*. À chacun son partenariat. Début 2023, OpenAI s'est ainsi associé à Microsoft : le géant américain a promis d'investir plusieurs milliards de dollars sur plusieurs années dans le créateur de ChatGPT. Cet investissement a permis à Microsoft de muscler ses propres produits, comme le célèbre pack Office, avec l'IA d'OpenAI. En retour, OpenAI a sécurisé de la capacité informatique, puisque la start-up entraîne désormais ses modèles sur les serveurs de Microsoft, à un prix garanti.

Dans cette même logique, Google et Amazon ont tous les deux investi dans Anthropic : les deux géants sont devenus les principaux fournisseurs de cloud de la start-up. En France, Mistral AI a aussi signé début 2024 un partenariat avec Microsoft. Le géant américain a pris une participation minoritaire dans la start-up et va également distribuer ses modèles d'IA auprès de ses clients. En échange, Mistral AI, elle, va pouvoir « bénéficier de l'infrastructure IA avancée d'Azure » (la plateforme cloud de Microsoft) et accéder aux supercalculateurs de l'Américain.

Ce partenariat a toutefois créé des remous dans l'écosystème parisien de l'IA. Mistral AI peut-elle encore incarner une IA souveraine à la française, si ses modèles sont entraînés chez Microsoft ? La start-up d'Arthur Mensch avait peu de choix : depuis qu'elle travaille sur des modèles de plus en plus grands, comme Mistral Large, ses besoins en calcul ont explosé, de même que ses besoins de financement. Dans ce but, Mistral avait déjà levé 500 millions d'euros en 2023, un montant record pour une start-up européenne de l'IA. Mais la start-up veut aller encore plus loin, pour devenir « un champion européen à vocation mondiale » dans l'IA. Or aujourd'hui, l'Europe n'offre pas les capacités de financement et les capacités de calcul suffisantes pour servir cette ambition.

Les GPU, la « drogue » de l'IA

Les *data centers* ne sont qu'un aspect de cette course au *computing*. Tout en amont de la chaîne, cette guerre implique d'acheter toujours davantage de GPU. Ces processeurs graphiques sont un élément clé de l'intelligence artificielle, puisque ce sont eux qui réalisent le calcul informatique et donc l'entraînement des grands modèles d'IA. Typiquement, plus le nombre de GPU, dans un supercalculateur, est important, moins il faut de temps pour entraîner un grand modèle de langage. Par exemple, un modèle comportant des dizaines de milliards de paramètres peut être entraîné en trois semaines dans le superordinateur de Meta (AI Research SuperCluster, ou RSC), contre neuf auparavant[43].

Le terme de « processeur » peut toutefois induire en erreur : ces GPU n'ont rien à voir avec les puces grandes comme un ongle qui font tourner les smartphones, PC et les autres produits électroniques du quotidien. Il s'agit au contraire de grosses machines qui peuvent peser 130 kilos et mesurer presque 1 mètre de long pour 50 centimètres de large. Ces systèmes sont reliés entre

43. « Lancement de l'AI Research SuperCluster : le superordinateur de pointe de Meta pour la recherche en intelligence artificielle ».

eux dans des « nœuds informatiques » et communiquent via une matrice réseau à très haute performance.

Les géants de l'IA n'ont bien sûr pas attendu ChatGPT pour rafler les GPU. En 2017, le premier supercalculateur de Meta comptait déjà 22 000 processeurs graphiques, capables de réaliser 35 000 tâches d'entraînement par jour, selon le groupe. Mais les progrès de l'IA et la nécessité de mouliner des données toujours plus riches (texte, vidéos, photos), et en plus grande quantité, nécessitent aujourd'hui de construire de nouveaux supercalculateurs embarquant des GPU plus puissants.

Ainsi, Meta avait choisi dès 2020 de construire un nouveau supercalculateur, le AI Research SuperCluster (RSC), embarquant 16 000 processeurs de dernière génération. Cette énorme bête informatique voit le jour mi-2023, après trois ans de travaux marqués par l'épidémie de Covid. Et les résultats sont spectaculaires : avec une puissance informatique maximale de 5 exaflops, ce superordinateur peut réaliser 5 milliards de milliards d'opérations en une seconde, ce qui ferait de lui l'un des plus rapides du monde[44].

Cette course aux GPU s'est accélérée en 2024, dans le contexte d'intense compétition entre Meta, Google,

44. Pursuing groundbreaking scale and accelerating research using Meta's Research SuperCluster, [https://ai.meta.com/blog/supercomputer-meta-research-supercluster-2023/].

OpenAI et d'autres pour détenir le leadership technologique de l'IA. Le changement vient du fait que les achats de GPU se comptent désormais... en centaines de milliers. En janvier 2024, Mark Zuckerberg a jeté une bombe en annonçant vouloir acheter 350 000 GPU d'ici la fin 2024, sachant que son groupe en possède déjà 300 000.

« Pour la seule année 2023, les achats cumulés de Meta, Microsoft, Alphabet et Amazon s'élèveraient à 400 000 GPU, contre quelques milliers d'unités pour les acteurs européens », constate le rapport de la commission IA du gouvernement français. Cette demande très élevée des acteurs américains a mis le marché des GPU sous tension. À tel point que ces processeurs seraient « plus difficiles à se procurer que de la drogue », a affirmé Elon Musk, qui a lui-même a acheté des milliers de GPU pour Tesla, son réseau social X (ex-Twitter) et sa start-up d'IA xAI.

Nvidia, la reine des GPU

Cette demande en pleine explosion pour les GPU pourrait ne pas être un problème en soi… si une seule entreprise n'en détenait pas le quasi-monopole. Cette entreprise, c'est Nvidia. La société de Santa Clara, en Californie, fabrique la quasi totalité des GPU utilisés pour l'IA dans les *data centers*, loin devant ses rivaux Intel et AMD. Sa part de marché atteindrait 80 %, selon les estimations. Ses produits sont installés dans plusieurs centaines de millions d'ordinateurs dans le monde et dans 75 % des plus gros supercalculateurs, selon le groupe. Plus d'une entreprise sur deux, parmi le Fortune 500, utilise son supercalculateur DGX (lire page suivante). « De nombreuses grandes sociétés dépendent de nous (…) les équipes travaillent très dur pour suivre la demande », témoigne Jensen Huang, le PDG et cofondateur de Nvidia[45].

Cette position unique dans l'industrie a fait de Nvidia le « nouveau GAFAM ». Depuis le phénomène ChatGPT, son cours en bourse a littéralement explosé, passant de 16 dollars à plus de 120 dollars l'action. En mars 2024,

45. Jensen Huang — NVIDIA's CEO on the Next Generation of AI and MLOps.

le groupe a franchi la barre des 2 000 milliards de dollars de capitalisation boursière, un seuil atteint par seulement trois autres sociétés jusqu'à présent : Apple, Microsoft et le géant pétrolier Saudi Aramco. Trois mois plus tard, en juin 2024, il a dépassé les 3 000 milliards de capitalisation boursière, doublant Apple[46] puis Microsoft[47] pour devenir momentanément la première capitalisation boursière mondiale… En quatre ans ses revenus ont été multipliés par six, à presque 61 milliards de dollars en 2024, tandis que son résultat opérationnel a été multiplié par dix. Sa marge atteint 61 %, un niveau record dans l'industrie.

Cette performance, Nvidia la doit à son produit star : la plateforme DGX H100, lancée en 2022, après trois générations de produits similaires. À première vue, ce système ressemble à un banal serveur noir. Sauf qu'il pèse à lui tout seul 130 kilos et qu'il s'agit de l'un des supercalculateurs les plus puissants de la planète. Il est aussi l'un des plus chers, puisqu'un système DGX H100 vaut plusieurs dizaines de milliers de dollars l'unité, selon les estimations (le prix public n'est pas connu). Il est même

46. Nvidia dépasse les 3.000 milliards de dollars en Bourse et double Apple, [https://www.lesechos.fr/finance-marches/marches-financiers/nvidia-depasse-les-3000-milliards-de-dollars-en-bourse-2099443].

47. Nvidia devient la première capitalisation boursière mondiale, [https://www.lesechos.fr/tech-medias/intelligence-artificielle/nvidia-devient-la-premiere-capitalisation-boursiere-mondiale-2102323].

possible d'en trouver de seconde main sur Amazon, moyennant 30 000 dollars.

« DGX est si lourd qu'il doit être assemblé par un robot, comme les voitures. DGX est une prouesse informatique et nous l'avons conçu d'une feuille blanche[48] », explique Jensen Huang. À l'intérieur, ce « cerveau » informatique embarque huit GPU du même nom, reliés entre eux. Si l'on zoome encore davantage, chaque GPU embarque 80 milliards de transistors gravés en quatre nanomètres – une gravure ultrafine, sachant qu'un cheveu est épais de 100 000 nanomètres…

Cette performance permet aux systèmes DGX H100 d'entraîner des grands modèles de langage très rapidement. Par rapport à la génération précédente, les systèmes DGX A100 qui datent de 2020, les systèmes H100 permettent d'entraîner les modèles neuf fois plus rapidement et de les exécuter, une fois entraînés, 30 fois plus rapidement, selon Nvidia[49]. Le tout avec des économies d'énergie et de calcul : ainsi, les systèmes H100 seraient également trois fois et demie plus efficients d'un point de vue énergétique et coûteraient trois fois moins cher à opérer…

---

48. Jensen Huang — NVIDIA's CEO on the Next Generation of AI and MLOps.

49. NVIDIA H100 Tensor Core GPU Datasheet, [https://resources.nvidia.com/en-us-tensor-core/nvidia-tensor-core-gpu-datasheet].

Les « zero billion dollars market », la philosophie de Nvidia

Même Nvidia était loin d'imaginer un tel succès. Sa grande force a été de comprendre, avant les autres, que les besoins en informatique et en calcul allaient augmenter dans une myriade d'industries, l'intelligence artificielle n'étant que l'exemple le plus récent. Anticipant cette évolution, Nvidia a imaginé dans les années 1990 une nouvelle architecture qui a permis de passer de l'ère de l'informatique traditionnelle à celle du « calcul accéléré » (*accelerated computing*).

Pour cela, il faut se plonger quelque instant dans le fonctionnement des ordinateurs de l'époque. Jusqu'alors, le calcul dans les ordinateurs était réalisé par des CPU, des processeurs inventés en 1971 par Intel et qui exécutent les tâches l'une après l'autre, en séquentiel. L'idée de Nvidia a été de les délester, en confiant les tâches les plus gourmandes en calcul à un autre processeur spécialisé, mais pouvant servir de « cerveau » à de nombreuses applications : le GPU. Car contrairement aux processeurs traditionnels, le GPU, lui, peut exécuter les tâches simultanément, en les répartissant sur des centaines de cœurs. Pour résumer, le GPU est un « coprocesseur », qui travaille main dans la main avec les CPU.

Nvidia dit avoir inventé ce processeur en 1999. Son premier GPU s'appelle GeForce. À l'époque, l'ambition est déjà là : « Nous avons inventé cette catégorie pour pouvoir en être les leaders[50] », résume Dan Vivoli, le patron du marketing de Nvidia. Mais en ces temps, l'intelligence artificielle encore balbutiante n'est pas cliente des GPU Nvidia. « Quand nous nous sommes lancés dans le calcul accéléré, c'était quelque chose qui n'existait pas. Je pensais que ça décollerait dans les deux ans, finalement il en a fallu quinze[51], se souvient Jensen Huang. Ces années-là, je parlais très souvent de l'intelligence artificielle et du *machine learning*, mais personne ne me comprenait. »

Malgré les difficultés, Jensen Huang s'accroche, avec son instinct comme seule boussole. L'Américano-Taïwanais est réputé pour miser avant tout le monde sur des marchés tout juste naissants mais potentiellement gigantesques : les fameux « *zero billion dollars markets* ». Sur ces marchés, l'absence de concurrents fait qu'en cas de succès, Nvidia rafle tout. « Nvidia a créé le marché des GPU et surfe sur cette vague depuis », résume Adrien Sanchez, analyste chez Yole Group spécialisé dans le *computing* et l'IA.

---

50. Witt Stephen, « How Jensen Huang's Nvidia Is Powering the A.I. Revolution », The New Yorker, 2023.

51. Jensen Huang — NVIDIA's CEO on the Next Generation of AI and MLOps.

La méthode fait ses preuves. Dans les années 1990, Nvidia devient indispensable pour… les acteurs du jeu vidéo. À l'époque, le secteur vit une profonde transformation, avec le passage de la 2D à la 3D et l'arrivée des consoles (la PlayStation naît en 1994 au Japon). L'industrie du jeu vidéo pèse alors plus que la musique ou le cinéma – Netflix et Spotify ne sont pas encore là. Or les puces de Nvidia permettent d'améliorer significativement le traitement graphique des images dans les jeux, qui sont alors très pixellisées. Les images deviennent plus fluides, avec plus de relief, sans saccades. Très vite, Nvidia devient indispensable, le marché se consolide, passant de 50 fabricants de banales cartes graphiques dans les années 1990 à seulement trois fabricants de GPU au milieu des années 2000, selon Nvidia[52]. Lorsque l'on arrive en 2006, Nvidia a déjà écoulé 500 millions de GPU sur le marché.

L'année 2006 marque un autre tournant, avec Cuda. Ce langage de programmation permet de libérer de l'espace sur les GPU, qui comptent des milliers de petits transistors, pour qu'elles puissent réaliser d'autres tâches en plus du traitement graphique des images, comme le calcul de haute intensité. Avec ces puces, qui deviennent ainsi des mini-ordinateurs, Jensen Huang espère bien séduire les traders, le monde du pétrole et de la biologie moléculaire.

---

52. Merritt Rick, What Is Accelerated Computing?, [https://blogs.nvidia.com/blog/what-is-accelerated-computing/].

Mais Cuda vire au cauchemar boursier : les milliards d'investissements engloutis effraient Wall Street, le cours de Nvidia s'effondre. « La pression financière était énorme[53] », se souvient Jensen Huang. Le groupe est alors une proie facile pour n'importe quel investisseur-activiste, craint le conseil d'administration.

Heureusement pour Nvidia, c'est à ce moment que des chercheurs en IA commencent à utiliser Cuda pour entraîner des réseaux de neurones. Tous sont littéralement bluffés par ses capacités. En 2012, lorsque le réseau de neurones AlexNet fait des étincelles au concours de reconnaissance d'images ImageNet, Nvidia comprend que l'IA a fait un bond en avant, que les besoins vont décoller et que l'entreprise, avec ses GPU, est très bien positionnée face à ces rivaux.

Pendant que Nvidia innovait avec Cuda, Intel était en effet resté sur son marché-cœur des CPU, qui était à l'époque bien plus grand que celui des GPU pour l'IA. Quant à AMD, l'autre géant du secteur, le groupe avait certes mis au point des GPU, mais ces derniers s'adressaient à des marchés de niches, comme le jeu vidéo, là où les GPU de Nvidia pouvaient servir à une myriade d'applications. Lorsque l'argent commence à affluer dans l'IA au milieu des années 2010, Nvidia est la mieux placée

53. Jensen Huang — NVIDIA's CEO on the Next Generation of AI and MLOps.

pour capter les fruits de cette révolution. En 2016, Nvidia livre son premier supercalculateur DGX-1, l'ancêtre du DGX H100 actuel, à… OpenAI, qui est né un an plus tôt. Pour l'occasion, Jensen Huang livre lui-même la pièce et la signe de son nom.

La quête des alternatives

Jusqu'à présent, Nvidia a réalisé un sans-faute. Sa capacité à anticiper et à répondre aux problèmes les plus complexes qu'affrontera le monde de la technologie dans les décennies à venir est une assurance-vie pour son futur. Son premier risque est plutôt géopolitique : la fabrication à proprement parler des puces Nvidia a lieu à Taïwan, dans les usines du géant taïwanais TSMC. Tout conflit entre les États-Unis et la Chine, qui revendique Taïwan comme faisant partie intégrante de son territoire, aurait donc des conséquences directes sur Nvidia et l'approvisionnement en puces.

Jensen Huang est bien placé pour le savoir : né à Taïwan et arrivé aux États-Unis à l'âge de 9 ans, l'entrepreneur parfaitement sinophone et anglophone a gardé des liens très forts avec son île natale, où il est considéré comme une véritable star, sa moindre apparition attirant des foules pressées de prendre un selfie avec lui. Mais si Jensen Huang a une double culture, Nvidia reste un géant américain, et de ce fait l'entreprise ne peut pas échapper à la guerre technologique que se livrent les États-Unis et la Chine. D'ores et déjà, Nvidia ne peut pas faire des affaires librement en Chine : l'entreprise doit respecter les restrictions américaines sur les exportations de technologies

« *made in USA* » vers le pays. Ces restrictions l'obligent à concevoir des puces spécifiques pour ce marché.

L'autre risque est la concurrence – certes tout juste naissante. Tout puissants qu'ils soient, les géants de l'IA cherchent à réduire leur dépendance aux puces de Nvidia, en travaillant sur des puces « maison ». Objectif : avoir des puces sur mesure, adaptées à leurs besoins, et pour potentiellement moins cher que les GPU de Nvidia. Les géants de l'IA espèrent aussi regagner du pouvoir de négociation face au groupe de Jensen Huang. « Il faut que l'industrie [des GPU] se diversifie, pour qu'il y ait davantage de concurrence. Nous avons besoin de plus de fournisseurs, de plus d'architectures », plaide Joëlle Pineau, vice-présidente chez Meta. Et de fait, les alternatives commencent à apparaître, notamment sur la partie « inférence », c'est-à-dire les puces qui font tourner les modèles, après avoir été entraînés.

Depuis 2020, Meta travaille par exemple sur ses propres puces pour l'inférence de ses modèles : le Meta Training and Inference Accelerator (MTIA). Cette puce, qui tient entre les doigts d'une main, a été conçue en interne pour pouvoir entraîner les modèles de recommandation, par exemple ceux qui suggèrent telle ou telle vidéo dans Reels, sur Instagram. Jamais Meta n'avait conçu en interne ses propres puces. Mais selon le groupe, les GPU présents sur le marché n'étaient pas toujours optimaux pour entraîner, à très grande échelle, les modèles de Meta. Le groupe a aussi voulu concevoir une puce embarquant plus de mémoire et de capacités d'interconnexion, deux paramètres qui n'ont pas autant progressé que la capacité de calcul ces dernières années.

Or la mémoire est un paramètre clé pour Meta, qui a des modèles de toutes tailles, avec des besoins en calcul pouvant varier de 10 à 100. MTIA doit précisément répondre à ce besoin. Pour autant, Meta ne va pas abandonner les GPU : les GPU du marché restent plus performants que les MTIA pour l'entraînement des modèles très complexes. En revanche, les modèles plus petits ou moins complexes pourront tourner grâce aux puces MTIA de Meta.

Google, de son côté, travaille aussi sur ses propres puces depuis des années. Depuis 2015, le géant américain conçoit ses propres TPU (*tensor processing unit*), un autre type de puce lui aussi très adapté pour l'entraînement et l'inférence des grands modèles d'IA. Le groupe a également mis au point des CPU avec le britannique Arm, pour les besoins de calcul plus génériques.

Fin 2023, Microsoft a elle aussi dévoilé son propre accélérateur[54], le Maia AI Accelerator, ainsi que son CPU Azure Cobalt. Pour cela, l'entreprise a pu s'appuyer sur

54. With a systems approach to chips, Microsoft aims to tailor everything 'from silicon to service' to meet AI demand, [https://news.microsoft.com/source/features/ai/in-house-chips-silicon-to-service-to-meet-ai-demand/].

les conseils d'OpenAI, qui a utilisé Maia AI et a fourni à Microsoft un premier retour d'expérience. Microsoft part de plus loin en matière de puces, le groupe étant historiquement une entreprise de logiciel (software) et non de hardware. Le géant continue d'ailleurs d'utiliser les puces de Nvidia et d'AMD pour pouvoir donner du choix à ses clients, que ce soit en termes de performance ou de prix.

AMD et Intel

Les géants des puces veulent aussi leur part du gâteau de l'IA. L'américain AMD, notamment, commence à reprendre du poil de la bête face à Nvidia, avec des GPU très performants. Si Nvidia est célèbre pour ses H100, AMD, elle, est connue pour son MI300X – un « accélérateur » qui permet, lui, d'exécuter très rapidement d'énormes tâches de calcul. Meta, Microsoft ou Oracle sont déjà clients. Selon la banque d'investissement Raymond James, AMD fournirait à lui seul entre 15 % et 25 % de leurs besoins en puces d'IA[55], Nvidia captant le reste. « La M1300 a des performances intéressantes, confirme Adrien Sanchez, analyste chez Yole Groupe. AMD va prendre des parts de marché car les clients de Nvidia veulent diversifier leurs fournisseurs. Aujourd'hui, ils n'ont pas beaucoup de pouvoir de négociation. »

Même s'il est plus en difficulté, Intel, le numéro 1 mondial des microprocesseurs pour PC et serveurs, veut aussi se positionner sur les GPU pour l'IA. Pour cela,

55. AMD Is Taking on Nvidia in AI Chips. Here's the Market Share It's Expected to Take., [https://www.barrons.com/livecoverage/microsoft-alphabet-google-amd-earnings-stock-price-today/card/amd-is-taking-on-nvidia-in-ai-chips-here-s-the-market-share-it-s-expected-to-take-1jFpSMKQy9lVrF89wvGH].

le groupe a procédé à plusieurs acquisitions ces dernières années : Nervana (350 millions de dollars), puis Movidius (400 millions) en 2016 et, surtout, la start-up israélienne Habana Labs en 2019[56]. Cette année-là, le géant américain dépense 2 milliards pour racheter cette petite société de 150 salariés qui avait mis au point un GPU pour l'IA, baptisé Gaudi. Cette puce devait permettre à Intel de combler son retard sur le marché de l'IA, elle qui était restée sur son marché-cœur, celui des puces pour ordinateurs. « Pendant des années, Intel est un peu resté dans son coin, ils n'innovaient pas énormément », se souvient Adrien Sanchez.

Depuis, Gaudi a fait des petits – Gaudi 3 est arrivé sur le marché cette année. Selon Intel, Gaudi 3 permettrait d'entraîner et d'exécuter les modèles une fois et demi plus vite que les puces H100 de Nvidia, avec également des économies d'énergie à la clé. Intel met aussi en avant le rapport qualité-prix, face aux puces de Nvidia qui sont très onéreuses. Le géant américain a d'ailleurs indiqué que les Gaudi 3 seraient vendues moins cher que les puces de Nvidia.

Mais Intel va malgré tout avoir du mal à s'imposer face à Nvidia, dont les solutions sont devenues l'étalon-or

56. Intel complète son portefeuille dans l'intelligence artificielle, [https://www.lesechos.fr/tech-medias/hightech/intel-complete-son-portefeuille-dans-lintelligence-artificielle-1157211].

du marché. « Les annonces d'Intel ne devraient pas bouger les équilibres. Nvidia a clairement une longueur d'avance sur ce marché complexe[57] », estime Jacques-Aurélien Marcireau, coresponsable des actions chez Edmond de Rothschild AM, cité par *Les Échos*. Une longueur d'avance que tous ses concurrents lui envient : Nvidia vient du latin *invidia*, qui signifie « envie ». Comme un nom prémonitoire.

****

57. IA : les géants de la tech cherchent des alternatives à Nvidia, [https://www.lesechos.fr/tech-medias/intelligence-artificielle/ia-les-geants-de-la-tech-cherchent-des-alternatives-a-nvidia-2088175].

CHAPITRE 4

LA GUERRE DES TALENTS

Le chiffre donne le tournis, même dans un pays techniquement en situation de plein emploi[58]. Imaginerait-on une start-up française qui chercherait à recruter simultanément… plus de 180 personnes ? Aux États-Unis, c'est pourtant bien le cas d'OpenAI. Ingénieur logiciel en IA à San Francisco, directeur de clientèle à Londres, lobbyiste à Bruxelles, attaché de presse à Dublin, « enquêteur » en charge de détecter les usages frauduleux ou malveillants de ChatGPT, en « présentiel » ou en « *full remote* » depuis n'importe quel coin des États-Unis… La liste des profils recherchés par

58. Number of unemployed at 6.1 million in January 2024 : The Economics Daily: U.S. Bureau of Labor Statistics, [https://www.bls.gov/opub/ted/2024/number-of-unemployed-at-6-1-million-in-january-2024.htm].

la start-up californienne en dit long sur les besoins de recrutement extrêmement variés du secteur. Partout, la demande flambe, créant une compétition mondiale pour ces talents.

« L'IA générative est un domaine relativement récent. Par conséquent, il est difficile de trouver des personnes qui ont déjà dix ans d'expérience, témoigne Laurent Daudet, cofondateur de LightOn, une start-up française qui intègre des modèles d'IA dans les entreprises. Face à cela, nous sommes obligés de prospecter partout en Europe, au Maghreb et au-delà. Les très bons profils sont très bons. Mais il n'y en a pas tant que ça. Il arrive que des start-up rivales offrent des salaires quatre fois supérieurs pour piquer un talent à la concurrence. Quand ça arrive, on ne peut rien faire, à part donner une tape sur l'épaule du gars et lui dire "bravo". »

Dans ce contexte, OpenAI a grossi à vue d'œil : la start-up qui ne comptait que plusieurs dizaines d'employés lors de sa création en 2015 en dénombre désormais plus de 770 ! Pour loger tout ce petit monde, l'entreprise a été contrainte de déménager, dans le quartier de Mission Bay à San Francisco, où elle sous-loue à Uber un espace de 42 000 mètres carrés[59]. Signe qu'OpenAI va encore recruter, ce nouveau siège peut loger jusqu'à 2 000 personnes,

---

59. Waxmann Roland Li Laura, Exclusive : OpenAI close to signing S.F.'s biggest office lease since 2018, [https://www.sfchronicle.com/realestate/article/openai-s-f-biggest-office-lease-18422837.php].

ce qui lui permettra de tripler encore en effectifs si besoin. À l'intérieur de ces bureaux flambants neufs, une bibliothèque de deux étages et des lounges pour admirer aussi bien le lever que le coucher du soleil, rapporte la presse locale. Les employés peuvent également petit-déjeuner, déjeuner et dîner gratuitement, sur les longues tables communales de la cafétéria, comme de coutume chez les GAFAM. En juin 2023, OpenAI s'est aussi installée à Londres, dans ses premiers bureaux à l'international. Une nouvelle adresse pour mieux capter « l'exceptionnel réservoir de talents » en IA de la capitale britannique, comme l'a expliqué Diane Yoon, la vice-présidente d'OpenAI en charge des ressources humaines[60].

Mais pour ces quelque 180 postes ouverts chez OpenAI, combien de milliers, voire de dizaines de milliers de CV reçus ? Impossible de le savoir, mais les candidatures pleuvent. Trois mois après son lancement fin 2023, Kyutai, le laboratoire d'IA tout juste lancé par Xavier Niel, Eric Schmidt (l'ancien PDG de Google) et Rodolphe Saadé (le directeur général de CMA CGM) avait déjà reçu 1 200 candidatures du monde entier pour une trentaine de postes seulement à pourvoir[61] (le laboratoire compte à ce stade 8 salariés) !

60. Introducing OpenAI London, [https://openai.com/index/introducing-openai-london/].

61. « Intelligence artificielle : à Paris, « il se passe quelque chose en ce

« Nous avons de très bonnes candidatures spontanées », relate Laurent Daudet, de LightOn. Cette start-up aussi a vu son nombre de salariés flamber : la petite équipe de cinq personnes des débuts en compte désormais 35, l'objectif étant d'atteindre la cinquantaine de salariés d'ici la fin 2024. Mistral AI, la coqueluche de l'IA *made in France*, a vu quant à elle ses effectifs augmenter de 66 %, selon sa page LinkedIn. L'entreprise cherche des salariés aussi bien à Paris qu'à Londres ou San Francisco.

---

moment » », Le Monde.fr.

Dans les GAFAM, le défi de la réorganisation interne et de la rétention des talents

Même si elles recrutent à tour de bras, ces start-up de l'IA restent encore des « nains » face aux géants du numérique. Meta, Amazon, Google, Microsoft utilisent depuis des années l'intelligence artificielle pour leurs propres besoins internes et dans leurs produits. Par exemple, Meta s'en sert pour identifier et modérer les contenus problématiques sur Instagram avant même qu'ils n'apparaissent sur la plateforme. Google, lui, utilise l'IA pour déterminer, en temps réel, le prix des espaces publicitaires sur Internet qu'il vend aux annonceurs, dans un système d'enchères automatisé. Par conséquent, tous ces poids lourds du numérique peuvent s'appuyer sur un pool préexistant de talents sans commune mesure avec celui des start-up.

Google, par exemple, avait racheté DeepMind, un laboratoire britannique spécialisé dans les réseaux de neurones et l'apprentissage automatique cofondé par Demis Hassabis, un prodige des échecs, dès 2014. « Nous avons un long historique en matière de recherche fondamentale en IA », expliquait le cofondateur fin février au Mobile World Congress de Barcelone. Une avance qui est aussi un inconvénient : quand il s'agit de recruter, les start-up de l'IA qui ont atteint une certaine taille critique et une belle renommée peuvent débaucher directement au sein des GAFAM. Ces derniers mois, plusieurs pontes de l'IA ont d'ailleurs quitté les plateformes américaines, comme Antoine Bordes, l'ancien directeur général de FAIR (le réseau de laboratoires de recherche en IA de Meta), parti pour Helsing, une start-up européenne de l'IA de la défense. « Les start-up de l'IA deviennent attractives. Dans les GAFAM, le risque c'est de devenir un pion dans une très grande équipe. Et dans les start-up, on ne fait pas de la science pour de la science », remarque Laurent Daudet.

Malgré cela, les GAFAM conservent un énorme pouvoir d'attraction, tant leurs moyens semblent illimités. Ils n'ont donc aucun mal à recruter ces profils hyper-prisés. Leur défi est plutôt interne : coordonner des centaines, voire des milliers de chercheurs répartis dans presque tous les continents du globe. Et travailler efficacement. Une priorité rendue plus urgente encore avec le raz-de-marée ChatGPT. En avril 2023, pris de court par le succès phénoménal de ce robot, Google a ainsi fusionné DeepMind et Google Brain (son projet de recherche dans les réseaux de neurones) en une seule entité baptisée Google DeepMind[62]. Si le nombre total

62. Announcing Google DeepMind, [https://deepmind.google/discover/blog/announcing-google-deepmind/].

de salariés est tenu secret, les motivations étaient évidentes. « Il faut que nous travaillions plus vite, avec une collaboration et une exécution plus forte, et que nous simplifiions la façon dont nous prenons nos décisions, pour nous concentrer sur ce qui permet le plus grand impact », écrivait Demis Hassabis, promu PDG de Google DeepMind lors de cette fusion interne.

Chez les GAFAM, cette chasse aux talents est aussi passée par une ample réorganisation interne. Les géants du numérique, qui avaient sur-recruté pendant la pandémie pour répondre à l'explosion du temps passé en ligne pendant les confinements, ont voulu retrouver dès 2023 des organisations plus horizontales et plus resserrées autour des priorités stratégiques, dont l'IA. Dans la Silicon Valley, tous ont supprimé des emplois par milliers. Dans un environnement macroéconomique subitement devenu plus difficile à contrôler, entre la guerre en Ukraine et le retour de l'inflation, les projets jugés plus périphériques (comme la division « hardware » de Google) ou les équipes dans la publicité numérique, moins vigoureuse que par le passé, en ont fait les frais.

En revanche, les recrutements dans l'IA ont continué, bien que dans des proportions moindres qu'auparavant. En 2023, la chasse aux coûts et le choc de simplification promis par Mark Zuckerberg dans le cadre de sa stratégie « Year of Efficiency » impacte directement la stratégie IA. « Dans la foulée, nous avons un peu moins investi et moins recruté. C'est une période où l'action Meta était au plus bas », se souvient Yann LeCun, vice-président en charge de la recherche en IA chez Meta. Mais la dynamique est repartie en 2024. En juin 2024, Meta cherchait à pourvoir plus de 70 postes en intelligence artificielle…

Dans les autres entreprises, priorité à la formation

Dans cette frénésie de recrutement, le reste des entreprises, en revanche, apparaît plus en retrait. Même les plus grandes, y compris aux États-Unis, « jouent » encore avec l'IA, avec des expérimentations et des tests à petite échelle. « Il faut rester focus. Nous nous concentrons sur quatre cas d'usages », expliquait Mike Fries, le PDG de Liberty Global, le géant américain des télécoms et du câble, au Mobile World Congress de Barcelone, le rendez-vous mondial des télécoms. Les projets à grande échelle, ou qui délivrent déjà de la valeur significative pour les entreprises, sont encore minoritaires. « Peu de choses passent en production », confirme Yoel Tordjman, cofondateur de DataSciencetest, un organisme privé qui propose des formations en data et en IA aux entreprises.

Ainsi, selon le BCG, 90 % des dirigeants d'entreprises dans le monde « attendent » avant de se lancer dans des projets d'IA, ou expérimentent à petite échelle[63]. Deux tiers des dirigeants (66 %) se disent même partagés ou

---

63. Intelligence artificielle : 90 % des dirigeants attendent de voir avant de se lancer, [https://www.bcg.com/press/12january2024-intelligence-artificielle-90-des-dirigeants-attendent-de-voir-avant-de-se-lancer].

insatisfaits face au développement de l'IA dans leurs entreprises. La difficulté à appréhender les conséquences de l'IA pour les métiers, l'absence de feuille de route claire (« que faire avec l'IA ? ») et le manque de talents expliquent en partie cet attentisme.

Par conséquent, dans les grandes entreprises, former les salariés actuels à l'IA, plutôt que recruter des profils IA, est la priorité. L'objectif dans un premier temps est d'infuser une « culture IA » à tous les étages et de sensibiliser les équipes à cette technologie. Pour cela, « les grandes entreprises montent en compétence leurs salariés, avec du *reskilling*, et suppriment les emplois qui disparaîtront à terme avec l'IA. Entre les deux, le recrutement de profils IA, ce sera surtout pour boucher les trous de la raquette », reprend Yoel Tordjman. Orange, par exemple, a identifié trois niveaux de « prises en main » : à terme, 25 000 salariés devront avoir une culture IA, 5 000 l'utiliseront au quotidien mais seulement entre 500 et 1 000 en feront véritablement leur métier.

Si elle génère pour le moment peu de recrutements, cette demande profite à fond aux cabinets de conseil et aux intégrateurs de services numériques. Tous se mettent en ordre de bataille pour accompagner les entreprises dans cette transition. En France, Capgemini, le spécialiste des services informatiques aux entreprises, va par exemple investir 2 milliards d'euros d'ici 2026 dans l'IA pour pouvoir doubler ses équipes « Data et IA » qui représenteront à cette échéance environ 60 000 personnes[64]. Accenture, elle, a investi 3 milliards d'euros pour booster son expertise en IA. À Paris, dans son siège près de la bibliothèque François Mitterrand, le groupe vient d'ouvrir un centre en IA générative, sorte de showroom géant où ses clients peuvent venir voir les cas d'utilisation concrets. « Nous avons une bibliothèque avec plus de 1 000 projets en cours dans des entreprises », témoigne Olivier Girard, président d'Accenture France et Benelux.

---

64. Capgemini va investir 2 milliards d'euros dans l'IA générative, [https://www.lesechos.fr/tech-medias/hightech/capgemini-va-investir-2-milliards-deuros-dans-lia-generative-1966533].

Le data scientist *ne fait plus tout*

Dans cette frénésie de recrutement, tous les métiers de l'IA ne sont pas logés à la même enseigne. À mesure que les modèles d'IA deviennent plus facilement paramétrables et que l'IA entre dans les entreprises, certains métiers deviennent plus demandés que d'autres. Globalement, le secteur connaît une très forte spécialisation et une industrialisation : pour passer à l'échelle et obtenir un retour sur investissement, savoir « fine tuner » un modèle et l'appliquer sur un cas d'usage est devenu essentiel. Par conséquent, le *data scientist* n'est plus forcément « le job le plus sexy de la planète », comme le proclamait, en 2012, la *Harvard Business Review* sur sa une, reprenant la phrase restée célèbre de Hal Varian, l'économiste en chef de Google…

Pendant des années, pourtant, le *data scientist* a tout fait ou presque. Véritable mouton à cinq pattes, c'est lui qui rassemblait les données, les stockait, les triait et les moulinait dans un algorithme d'intelligence artificielle pour l'appliquer enfin dans un usage concret. Parmi les entreprises, les banques et les assurances, qui disposent d'énormes quantités de données, puis les industriels très liés au numérique, comme les télécoms, ont fait partie des premiers à recruter des *data scientists*.

« L'IA s'est longtemps résumée au *data scientist.* L'IA, c'était alors une affaire de matheux », se souvient Yoel Tordjman, qui a créé DataSciencetest en 2017 précisément pour répondre à ce besoin à l'époque. Aujourd'hui, avec l'IA générative, son rôle reste certes central, mais moins qu'avant. Tout demander au *data scientist* « devient trop difficile. Le secteur est plus mature, il s'est spécialisé, avec plein de nouveaux métiers[65] », explique Virginie Mathivet, docteure en IA et fondatrice de Hemelopse, une société de conseil qui accompagne les entreprises.

Par conséquent, la forte tension autour des *data scientists* se relâche. Ces profils se trouvent désormais à la pelle, avec des formations de type « *bootcamp* » qui proposent de devenir *data scientist* en quelques semaines ! En 2022, 80 % des entreprises ayant intégré l'IA sur au moins une fonction de la société disaient avoir des difficultés pour recruter ces profils, selon McKinsey[66]. Elles n'étaient plus que 60 % en 2023.

Avec l'IA générative, ce sont les ingénieurs qui tiennent leur revanche. « L'aspect ingénierie est de plus en plus important », témoigne Joëlle Pineau, vice-présidente

65. Intelligence artificielle : les nouveaux métiers clé dans les entreprises, [https://www.lesechos.fr/tech-medias/hightech/intelligence-artificielle-les-nouveaux-metiers-cle-dans-les-entreprises-1892680].

66. Commentary AI – 2023 – Lareina Yee – Desktop, [http://ceros.mckinsey.com/commentary-ai-2023-lareina-ye-desktop].

chez Meta en charge de la recherche en IA. Eux qui traduisent concrètement les avancées scientifiques de l'IA sont désormais tout autant recherchés, si ce n'est plus, que les mathématiciens purs et durs qui conçoivent les modèles. C'est ainsi que *software engineer* est devenu le nouveau métier « le plus sexy de la planète ». Son rôle ? Intégrer l'IA dans des logiciels offrant des gains de productivité matériels pour les entreprises, ou des applications pour le grand public.

Pour ces profils, les salaires flambent : chez OpenAI, un ingénieur logiciel senior peut ainsi espérer jusqu'à… 385 000 dollars par an, lit-on sur les offres d'emplois. « En Europe, un *software engineer* junior peut gagner entre 50 000 et 90 000 euros par an, affirme Laurent Daudet, chez LightOn. Leur rôle est de faire tourner les calculs d'entraînement. C'est quelque chose qui ne s'apprend pas à l'école, mais en équipe. »

Les ingénieurs en *machine learning*, ou *ML engineers*, sont également très demandés. Leur métier est à mi-chemin entre les *data scientists* et les ingénieurs logiciels. Les ingénieurs en *machine learning* travaillent avec d'énormes quantités de données, qu'ils moulinent dans des modèles, comme les *data scientists*. Mais tandis que ces derniers font « parler » la donnée dans des graphiques et des analyses, les *ML engineers*, eux, se concentrent uniquement sur l'ingénierie : ils conçoivent des logiciels auto-apprenants qui permettent d'automatiser les modèles prédictifs. Ce sont eux par exemple qui mettent au point les algorithmes de recommandations sur Spotify, YouTube ou Amazon.

Autre ingénieur très recherché : les *prompt engineers* ou « ingénieurs de requête ». Leur rôle : « murmurer » à l'oreille des algorithmes. Leur tâche consiste à perfectionner les robots conversationnels, en leur posant des requêtes (les *prompts*) de façon à obtenir les meilleures réponses possibles. Soigner le questionnement est en effet crucial pour que les modèles évitent les erreurs, les fameuses « hallucinations ». Pour cela, pas besoin de savoir coder : manier l'anglais suffit, puisque ce travail d'orientation et de contextualisation, que l'utilisateur final ne verra jamais, se fait en langage naturel ! Malgré cela, le métier est si récent (il est apparu il y a moins de deux ans) et si prisé que l'on ne compterait que quelques centaines d'ingénieurs de requête dans le monde, dont 30 à 50 en France[67], selon les experts. Une rareté qui a un prix. Aux États-Unis, la start-up américaine Anthropic cherchait fin février un manager pour coordonner une équipe de *prompt engineers*. Salaire proposé : entre 320 000 dollars… et 520 000 dollars par an.

---

67. Prompt engineer, le nouveau métier qui fait fantasmer la planète tech | Les Echos, [https://www.lesechos.fr/weekend/business-story/intelligence-artificielle-prompt-engineer-le-nouveau-metier-qui-fait-fantasmer-la-planete-tech-1952527].

L'informatique et le code, de nouvelles portes d'entrée

Cette évolution des métiers change aussi les portes d'entrée dans l'IA. L'informatique et le code, et non plus uniquement les maths, deviennent des accélérateurs pour les diplômés voulant faire carrière dans l'IA. « En France, les entreprises vont utiliser les grands modèles de langage existant sur le marché et simplement les paramétrer pour les faire tourner sur leurs propres données. Pour cela, on n'a pas forcément besoin de mathématiciens hyper-brillants, décrypte Yoel Tordjman, de Data Sciencetest. En revanche, il faut des gens curieux, rapides et qui savent mettre en production des logiciels. » « La combinaison parfaite, ce sont les profils issus des mathématiques et du *machine learning* mais qui ont une capacité à coder. Il faut savoir utiliser les modèles d'IA. Cela crée une demande pour les codeurs et les informaticiens », témoigne aussi Emmanuel Gobet, professeur de mathématiques à Polytechnique.

Or c'est là que la France détient une faiblesse. « La France sait former de très bons ingénieurs généralistes et des profils d'excellence en mathématiques, reprend Yoel Tordjman. En revanche, dans le système public français, l'informatique est le parent pauvre des sciences depuis les années 1990-2000. L'informatique est vue comme pas sexy. Pourtant, à la sortie d'école, un très bon informaticien gagne peu ou prou le même salaire qu'un Polytechnicien ! »

Les aspects de juridiction, de business, de conduite du changement

En dehors des scientifiques et des ingénieurs, de nombreux autres métiers, plus juridiques ou liés au business, apparaissent. Le « traducteur IA » est par exemple chargé d'identifier en amont les opportunités commerciales de l'IA, de les « pitcher » aux clients ou aux investisseurs et de les « traduire » dans des projets concrets. Les managers IA ou les chefs de projet IA peuvent alors prendre le relais. Eux s'occupent de gérer le budget, le calendrier et, globalement, la bonne exécution d'une application d'IA, comme n'importe quel chargé de projet. « Pour cela, il faut quand même comprendre le vocabulaire de la donnée, explique Virginie Mathivet, de Hemelopse. Cela ne s'adresse donc pas forcément aux diplômés d'écoles de commerce, mais plus à des anciens développeurs reconvertis, par exemple. »

Les profils juridiques et d'affaires publiques se multiplient aussi. OpenAI dispose par exemple d'une solide équipe de juristes spécialisés dans des domaines variés : technologie, intelligence artificielle, propriété intellectuelle, droit des entreprises, du travail, fiscalité, contentieux… Des profils eux aussi très demandés, à mesure que tous les pays cherchent la bonne façon de réguler l'IA.

Fin 2023, l'Europe est devenue le premier continent au monde à poser un cadre juridique, avec l'IA Act[68]. Ce règlement européen pose une série d'obligations aux systèmes d'IA, proportionnellement au risque posé (de minimal à inacceptable). Or pour décortiquer le texte et se mettre en conformité, les géants de l'IA devront recruter davantage de profils juridiques…

À mesure que l'IA devient un sujet politique, les spécialistes en affaires publiques et en communication deviennent aussi recherchés. Leur rôle : décortiquer la législation naissante sur l'IA, défendre les intérêts de leurs champions et gérer les relations avec les pouvoirs publics, tant au niveau national qu'européen. Dans le domaine de l'IA, les lobbyistes sont devenus centraux dans la bataille autour de l'IA Act : de nombreux pays dont la France craignaient alors que la nouvelle législation n'entrave le développement des start-up, comme Mistral AI.

Pour mettre toutes les chances de son côté, cette dernière a même fait appel à Cédric O, l'ancien secrétaire d'État au numérique, devenu responsable des affaires publiques de Mistral. Son recrutement a cependant vite tourné au *bad buzz* : prorégulation lorsqu'il était ministre à Bercy, Cédric O a adopté la position inverse

68. L'UE instaure les premières règles au monde contrôlant l'intelligence artificielle, [https://www.lesechos.fr/tech-medias/intelligence-artificielle/lue-instaure-les-premieres-regles-au-monde-controlant-lintelligence-artificielle-2040387].

une fois chez Mistral, bien que l'intéressé s'en défende. L'ex-ministre a aussi été accusé de protéger ses intérêts financiers personnels, puisque Cédric O est parallèlement actionnaire de Mistral. L'affaire a enflé, jusqu'à ce que Mistral le remplace, début 2024, par Audrey Herblin-Loop, l'ancienne responsable des affaires publiques de Twitter France, Cédric O prenant, lui, un rôle de « conseiller ». « L'enjeu pour Mistral est de coconstruire la régulation avec la Commission européenne et de s'assurer que cette régulation ouvre le marché à tous, et notamment aux Européens[69] », expliquait la responsable dans un entretien aux *Échos*.

Enfin, la nécessité de construire des modèles d'IA « éthiques » crée une demande de profils atypiques, à la croisée des sciences dures et des sciences sociales. « Quand je me suis lancée dans l'IA, c'est parce que j'avais une curiosité personnelle pour les mathématiques et la science, raconte Joëlle Pineau, de Meta. Aujourd'hui, les jeunes chercheurs en IA ont une conscience sociale bien plus forte. » En France, l'École Normale Supérieure s'apprête ainsi à créer un master « IA et société » en partenariat avec Paris-Dauphine, pour former aux enjeux sociaux et sociétaux de l'IA. L'idée : faire en sorte que les algorithmes

69. Audrey Herblin-Stoop, le nouveau visage de Mistral AI, [https://www.lesechos.fr/start-up/portraits/audrey-herblin-stoop-le-nouveau-visage-de-mistral-ai-2075607].

soient neutres et transparents, qu'ils ne comportent pas de biais sociaux, de race ou de genre.

Le sujet est pris très au sérieux par les GAFAM : en février, Google a dû interrompre temporairement Gemini, son dernier modèle d'IA, après que celui-ci a généré par erreur des images de Pères fondateurs des États-Unis avec des peaux de couleur noire, dans une tentative maladroite de corriger ces outils qui mettaient trop en avant les personnes blanches… Gemini accusé de *blackface* ? La polémique illustre en tout cas le besoin de mettre en place des garde-fous. Dans ce but, des métiers apparaissent, comme celui de *data auditor*, qui consiste à s'assurer de la qualité des données, ou de *technical investigator*, soit la détection des usages potentiellement malveillants…

En France, des formations d'excellence mais qui doivent passer à l'échelle

Face à ces besoins de recrutement énormes et l'évolution très rapide des métiers, le système d'enseignement supérieur a-t-il la capacité de s'adapter et de former les talents nécessaires ? Le défi est immense alors que l'IA pourrait bien devenir la « technologie la plus monumentale du XXIe siècle[70] », comme le rappelait Demis Hassabis dans un podcast récent du *New York Times*. À ce titre, le cas de la France offre une situation contrastée, d'après plusieurs professionnels du monde éducatif. Selon la Commission de l'IA lancée par le gouvernement français, la France aura besoin en 2034 de 81 000 postes par an pour développer et déployer l'IA dans les entreprises[71]. Or en 2021, le pays comptait moins de 17 000 places dans des formations spécialisées en IA au niveau bac +3,

---

70. Roose Kevin, Newton Casey, Land Davis, Cohn Rachel, Poyant Jen, Wood Chris, Powell Dan, Lozano Marion et McCusker Pat, « Google DeepMind C.E.O. Demis Hassabis on the Path From Chatbots to A.G.I. », The New York Times.

71. Un rapport pour saisir les opportunités de l'intelligence artificielle, [https://www.info.gouv.fr/actualite/25-recommandations-pour-lia-en-france].

selon un rapport de la Cour des comptes cité par la Commission.

« Le sujet clé, c'est le passage à l'échelle : c'est même une question de vie ou de mort. Il faut aller plus vite et plus loin », alerte Nicolas Glady, directeur général de Télécoms Paris, qui forme chaque année 270 ingénieurs du numérique et compte parmi ses alumnis célèbres Arthur Mensch, le cofondateur de Mistral AI. « Le secteur explose ; or le système de formation n'est pas adapté à cette demande. Nous avons du mal à recruter des doctorants. Face à ce réservoir trop étroit, nous sommes obligés d'aller puiser dans des viviers externes, en créant des doubles diplômes avec d'autres universités ou en recrutant nos étudiants à l'international, notamment en Afrique francophone. »

La France, pourtant, dispose de formations d'excellence, notamment en mathématiques – une avance mondialement reconnue. Intégrer le département de mathématiques de l'École nationale supérieure (ENS), ou Polytechnique, est la voie royale pour de brillantes carrières dans l'IA. Chez Mistral AI, les trois cofondateurs sont passés soit par l'une, soit par l'autre, soit par les deux ! Les GAFAM regorgent ainsi de « Frenchies » qui ont suivi le parcours d'excellence républicain dans l'Hexagone avant de partir pour les États-Unis, le plus souvent pour un doctorat ou un postdoc. C'est le cas par exemple de Joëlle Barral, la directrice de la recherche de Google Deepmind, partie à Stanford en thèse après un Bachelor of sciences en maths et en physique... à Polytechnique. « La force de nos ingénieurs, c'est qu'ils sont bons en mathématiques, contrairement aux ingénieurs des États-Unis qui sont plus "techno". Cette capacité à réfléchir de façon plus transversale répond aux besoins d'aujourd'hui », reconnaît tout de même Nicolas Glady.

Mais, revers de la médaille, ces grandes écoles forment trop peu d'élèves chaque année, à cause du système de classes préparatoires hypersélectif, d'un puissant mécanisme de reproduction sociale et d'une sous-représentation des étudiants de sexe féminin. Chaque année, l'ENS ne forme ainsi qu'une petite quinzaine d'étudiants en informatique et en intelligence artificielle, lit-on sur son site[72]. Toutes matières confondues, les 2 300 étudiants de l'ENS (et les 3 700 étudiants de Polytechnique) pèsent bien peu face aux quelque 13 000 de l'EPFL de Lausanne ou aux 12 000 du MIT aux États-Unis. « Le problème, c'est qu'il y a peu de filières pour entrer dans l'IA en dehors des écoles d'ingénieurs. C'est pour cela qu'il faut développer les licences en IA plus professionnalisantes, les bachelors en IA en anglais et les filières en apprentissage », plaide

72. « Bourses en informatique et intelligence artificielle – Fondation de l'École normale supérieure ».

Emmanuel Gobet, professeur de mathématiques appliquées à Polytechnique.

Autre point faible : les grandes écoles d'ingénieurs à la française sont moins connues à l'international et ne disposent pas du tout des mêmes budgets, notamment face aux universités américaines très financées par le secteur privé. En Suisse ou aux États-Unis, il n'est pas rare que les « packages » pour les professeurs en IA, incluant salaire et budget pour mener des projets de recherche, atteignent 1 million de dollars ou d'euros. Soit environ cinq fois plus qu'en France, où ces mêmes enveloppes commencent tout juste à atteindre entre 200 000 et 250 000 euros. De même pour les doctorants : « à l'EPFL de Lausanne, les thésards ont en moyenne l'équivalent de 10 000 euros par mois, or en France on bataille pour avoir 2 500, 2 600 euros », témoigne un professeur.

Le gouvernement français est bien conscient de ce double problème d'échelle et de financement. En 2023, au salon VivaTech, Emmanuel Macron avait donc annoncé 500 millions d'euros pour créer cinq à dix « IA clusters » dans le but de doubler le nombre de formations en IA. Avec ces clusters, qui sont en fait des regroupements d'universités, l'Élysée veut créer des grands pôles universitaires en IA pour avoir plus de poids à l'échelle du globe. La France compte aujourd'hui neuf « IA clusters », dont Hi!Paris (un centre commun créé par HEC, l'Institut polytechnique et l'Inria et qui propose des masters conjoints en IA ainsi que des *bootcamps*) et PRAIRIE, de l'université Paris Sciences et Lettres (PSL). « Cela nous a permis de mettre un coup d'accélérateur, de rassembler les chercheurs sous une même bannière, d'avoir plus de moyens et donc d'avoir une masse critique », témoigne Isabelle Ryl, vice-présidente de l'université PSL en charge de l'IA.

Un pas dans la bonne direction ? Certains veulent aller encore plus loin. « En réalité, il faudrait tripler les formations, calcule Nicolas Glady, de Télécoms Paris. L'idéal serait de former 100 000 personnes chaque année à l'IA et au numérique, contre environ 30 000 aujourd'hui. » « Doubler le nombre de formations, c'est tout à fait faisable, mais il faudrait plutôt faire fois trois », plaide aussi Anne Bouverot, présidente de la fondation de l'ENS.

L'écart des moyens financiers en revanche est plus complexe à résoudre, dans un système d'enseignement supérieur français laissant peu de place aux financements privés issus de fondations ou de donateurs particuliers ou institutionnels. Dans le rapport IA remis par la commission au gouvernement, les experts proposent face à cela de créer une « exception IA » pour les professeurs du domaine, afin qu'ils obtiennent un complément de rémunération dans le respect des grilles salariales nationales. « On ne pourra jamais rivaliser avec les États-Unis et payer nos professeurs en IA 1 million de dollars par an, reconnaît, lucide, Anne Bouverot. Mais ils doivent être mieux payés et exercer dans un meilleur environnement de travail. Cela passe aussi par des facilités pour alléger leurs tâches purement administratives. »

Les GAFAM à la manœuvre

Les grandes écoles et les prestigieuses universités ne sont pas les seules à vouloir former les « cerveaux » de l'IA de demain. Les GAFAM sont également des acteurs puissants dans ce domaine. Tous proposent des stages à des doctorants ou de jeunes docteurs qui viennent de terminer une thèse en IA, informatique, traitement du langage… Chez Meta, des stages de trois à six mois sont régulièrement proposés tout au long de l'année, sur tous les continents. Des stages également très bien rémunérés : un stagiaire en IA générative à Menlo Park, au siège du groupe en Californie, peut ainsi être rétribué plus de 11 000 dollars par mois, lit-on sur le site Emploi de Meta. Les chercheurs peuvent aussi rejoindre les géants du numérique dans le cadre d'un postdoc, après la thèse, prélude à une embauche de long terme, ou dans le cadre d'un détachement d'une institution publique.

Dans les deux cas, rejoindre un GAFAM permet de se frotter à la culture d'innovation à l'américaine, mais surtout d'avoir accès à des serveurs informatiques XXL, indispensables pour mouliner les données. « Travailler chez Meta permet de tester des modèles d'IA sur des ressources informatiques bien plus grandes. Et le niveau de la recherche y est très élevé », explique Jean-Rémi King, un chercheur de FAIR Paris (le laboratoire de Meta en IA à la capitale) spécialisé en neurosciences[73]. Chercheur au CNRS, ce scientifique avait quitté temporairement le département d'études cognitives de l'ENS-PSL en 2021 pour rejoindre Meta dans le cadre d'un détachement de cinq ans, sans perdre ainsi son affiliation d'origine.

Les GAFAM s'emploient aussi à former le grand public à l'IA. De cette façon, les géants du numérique peuvent espérer une adoption rapide et massive de leurs nouveaux outils d'IA. Ces efforts sont aussi une arme puissante de relations publiques et d'image de marque, puisqu'ils présentent les GAFAM comme des forces œuvrant pour l'inclusion numérique, en rapprochant du digital les personnes qui en sont aujourd'hui les plus éloignées... Et cela alors que l'IA risque d'accentuer la fracture numérique, entre ceux qui savent utiliser cette technologie et ceux qui ne la maîtrisent pas, voire en ont peur. Le sujet est loin d'être anodin quand on sait que 16 millions de Français sont éloignés du numérique, selon le Crédoc.

Par exemple, Meta s'est associé à Simplon, une entreprise sociale et solidaire (ESS) de formation au numérique, pour former gratuitement 30 000 Français à l'IA

---

73. Dans le sillage de Yann LeCun, trois autres Français chercheurs stars de l'IA, [https://www.lesechos.fr/tech-medias/intelligence-artificielle/dans-le-sillage-de-yann-lecun-trois-autres-francais-chercheurs-stars-de-lia-1953290].

d'ici la fin 2024, via des ateliers d'une demi-journée dans plusieurs villes de France. Ouvertes à tous, sans prérequis, ces formations doivent « sensibiliser les Français aux premières notions et à la prise en main de l'intelligence artificielle générative[74], » écrit Meta dans son communiqué. Le but est de former en particulier les personnes peu ou pas qualifiées, les femmes, ainsi que les personnes en situation de handicap. « Toutes les initiatives sont bonnes à prendre vu l'ampleur de la transformation devant nous. Mais il faut que cela soit encadré, car le risque, c'est que Meta ne forme qu'à Llama (son propre modèle de langage) et Google à Gemini », avertit Anne Bouverot, coprésidente de la commission IA du gouvernement français.

Google en effet n'est pas en reste. Le géant américain va investir 25 millions d'euros en Europe dans la formation du grand public à l'IA[75]. Google cible lui aussi les personnes vulnérables ou éloignées du marché de l'emploi, avec un premier fonds de 10 millions d'euros qui sera fléché vers des associations d'aide au retour à l'emploi et d'inclusion sociale. Parallèlement, Google s'est engagé à former 100 000 professionnels à l'IA d'ici 2025 pour

---

74. « Meta et Simplon veulent former plus de 30 000 Français à l'intelligence artificielle générative avec les "Ateliers d'initiations IA" ».

75. Google et Meta veulent former le grand public à l'IA, [https://www.lesechos.fr/tech-medias/intelligence-artificielle/google-et-meta-veulent-former-le-grand-public-a-lia-2075770].

qu'ils intègrent l'IA dans leur vie professionnelle de tous les jours. Pour cela, un nouveau centre de 6 000 mètres carrés, en plein 9e arrondissement à Paris, où Google a ses locaux, vient d'être inauguré[76]. Ce centre, annoncé par le PDG Sundar Pichai en personne lors de sa venue à Paris en février 2024, abritera également 200 ingénieurs et 100 chercheurs de Google en IA.

****

76. Google ouvre un centre dédié à l'IA à Paris, [https://www.lesechos.fr/tech-medias/intelligence-artificielle/google-ouvre-un-centre-dedie-a-lia-a-paris-2076539].

CHAPITRE 5

LA GUERRE INTERNE

Le 17 novembre 2023, à Las Vegas. Le soleil du matin s'élève dans le désert du Nevada, baignant de lumière le fameux « Strip » de la Cité du vice, cette avenue bordée de palmiers où s'alignent les grands hôtels et leurs gigantesques casinos. Plus de 315 000 visiteurs, dont Rihanna et Kylie Minogue, sont arrivés dans la ville pour le Grand Prix de Formule 1 qui doit avoir lieu le lendemain. L'évènement augure un week-end de fête : c'est la première fois, depuis 1982, qu'une course automobile de cette ampleur a lieu à Las Vegas. Pour l'occasion, Sam Altman a aussi fait le déplacement. Le dirigeant d'OpenAI est arrivé le matin même. Sans penser une seule seconde que sa vie y basculerait en l'espace de quelques minutes, dans un « Vendredi noir » au cours duquel OpenAI a bien failli disparaître.

Ce jour-là, dans sa luxueuse suite d'hôtel, Sam Altman se connecte vers midi sur Google Meet. Le richissime trentenaire doit s'entretenir avec Ilya Sutskever, un informaticien de 37 ans avec qui il a cofondé OpenAI en 2015 et qui est devenu, depuis, le directeur scientifique de la start-up. L'échange a été calé de longue date. Mais dès les premières minutes, Sam Altman sent que les choses ne vont pas se passer comme prévu. À côté d'Ilya Sutskever, trois autres membres du conseil d'administration (qui en compte six au total) sont présents. C'est là que la sentence tombe : le « *board* » lui annonce qu'il est licencié, sans donner d'explication. Après la réunion, Sam Altman ne peut même plus se connecter à son ordinateur. Plus tard, dans la soirée, le conseil d'administration publie un communiqué. Sans élaborer davantage, le *board* reproche à Sam Altman de ne pas avoir été « toujours sincère dans ses communications » avec le conseil et dit par conséquent n'avoir « plus confiance en ses capacités » à diriger OpenAI.

La nouvelle résonne comme une bombe dans la Silicon Valley. Sam Altman est l'homme qui a mis l'IA générative et ChatGPT dans les mains de millions de personnes du jour au lendemain. Son visage, son nom, symbolisent l'IA. Le voir ainsi débarqué, après un « coup » de son conseil d'administration, est donc un séisme pour toute la tech californienne et au-delà. Six mois après, Sam Altman en reste secoué. « Cela a été le moment le plus douloureux, le plus chaotique, le plus honteux et le plus bouleversant de ma vie (…) OpenAI a failli être détruite[77] », confesse Sam Altman en avril 2024 au podcasteur Lex Friedman. Le choc est tel que le dirigeant ne parvient plus à manger ni à dormir pendant quatre à cinq jours. Au bout de ses forces, il accepte la décision du conseil d'administration, songe un moment à créer une autre start-up, avant de contre-attaquer. Pendant ces jours, sa seule consolation est Twitter, où les messages de soutien se multiplient. Le dirigeant les fait défiler sur son smartphone, qui n'arrête pas de sonner des jours durant. « C'est comme si je lisais, en direct, ma propre nécrologie », plaisante aujourd'hui Sam Altman.

La saga, suivie par toute la tech telle une série Netflix, durera cinq jours. Lorsque 95 % des salariés d'OpenAI menacent de quitter l'entreprise si leur patron n'est pas réintégré – ce qui aurait *de facto* conduit à la disparition d'OpenAI –, le conseil d'administration fait marche arrière, et rappelle Sam Altman. Mercredi 22 novembre, le dirigeant redevient PDG d'OpenAI, mais l'entreprise n'est plus tout à fait la même. Le conseil d'administration

77. Fridman Lex, Transcript for Sam Altman: OpenAI, GPT-5, Sora, Board Saga, Elon Musk, Ilya, Power & AGI | Lex Fridman Podcast #419, [https://lexfridman.com/sam-altman-2-transcript/].

est remanié pour être plus resserré. Il ne compte plus que trois membres, contre six auparavant. Trois des quatre « putschistes » quittent le *board*, sauf Adam d'Angelo, le PDG de Quora. Dans ce nouveau cockpit à trois places, Adam d'Angelo est rejoint par Larry Summers, l'ancien secrétaire au Trésor américain sous Bill Clinton et par Bret Taylor, l'ancien directeur général de Salesforce. Ilya Sutskever, le quatrième putschiste, quitte le conseil mais conserve ses fonctions de directeur scientifique, bien que son futur dans l'entreprise paraisse alors incertain. « J'adore Ilya et j'ai énormément de respect pour lui. Mais à ce stade je ne peux rien dire sur ses projets » évacue Sam Altman en avril 2024. En mai 2024, Ilya Sutskever quittera finalement OpenAI pour créer sa propre start-up[78].

Même si Sam Altman a finalement sauvé sa peau, ce feuilleton en dit long sur les profondes divisions internes qui agitent le monde de l'intelligence artificielle. La rapidité avec laquelle cette technologie se développe, ses profondes implications pour l'économie, la société et l'humanité en général, la nécessité urgente de trouver le bon modèle économique face aux énormes dépenses de *computing* et les risques potentiellement dévastateurs de l'IA nourrissent des divisions profondes, que ce soit dans

78. Intelligence artificielle : Ilya Sutskever, cofondateur d'OpenAI, annonce son départ, [https://www.lesechos.fr/tech-medias/intelligence-artificielle/intelligence-artificielle-ilya-sutskever-cofondateur-dopenai-annonce-son-depart-2094794].

les start-up ou chez les géants du secteur. Les acteurs de l'IA, qui charrient une certaine vision du monde, doivent aussi naviguer dans une société américaine extrêmement polarisée. « À un moment, l'IA va être prise dans les guerres entre droite et gauche », pronostique déjà Sam Altman.

D'ores et déjà, trois lignes de fracture se dessinent. Il y a ceux qui considèrent l'IA comme un service public devant bénéficier à toute l'humanité, et qui doit de ce fait être développé avec prudence, en opposition à ceux qui veulent la monétiser coûte que coûte, dans une course en avant infinie. La disponibilité des modèles est un autre clivage, entre les partisans de l'open source (lorsque les modèles sont librement téléchargeables et donc perfectibles par tout un chacun) et ceux qui plaident au contraire pour que les modèles soient « fermés », vu les risques et les erreurs qu'ils comportent encore. Enfin, l'IA oppose les « *doomers* », aux yeux de qui elle va mener les sociétés à leur perte, aux « techno-optimistes », pour qui l'IA va permettre de changer « la trajectoire de l'humanité », selon la formule d'OpenAI, et de résoudre les problèmes du monde comme le réchauffement climatique ou l'accès aux soins.

Prudence versus *développement à tout crin*

Ces divisions expliquent en grande partie le limogeage surprise de Sam Altman. Voilà des mois, si ce n'est des années, qu'OpenAI était devenue une véritable cocotte-minute, tiraillée entre des factions opposées. Pourtant, lorsque la start-up voit le jour en 2015 à San Francisco, sa feuille de route est claire : le laboratoire veut construire une intelligence artificielle générale (IAG), sûre et qui serve à toute l'humanité. Dans le jargon de l'IA, une IAG correspond à une intelligence artificielle du même niveau que les humains, si ce n'est plus. Le but est de mettre au point des systèmes d'IA capables de maîtriser plusieurs disciplines, et de faire les liens entre elles, comme si Marie Curie, Alan Turing et Bach étaient réunis dans une même machine.

C'est dans cet esprit que Sam Altman, alors président de l'incubateur Y Combinator, Greg Brockman, directeur produit chez Stripe et futur président d'OpenAI, Ilya Sutskever, qui est alors chez Google, et Elon Musk fondent OpenAI à San Francisco. Pour s'assurer que cette mission passera toujours avant les profits, ce qui n'est alors qu'un laboratoire de recherche en IA devient techniquement une société à but non lucratif, appelée à être financée par des dons. À ses débuts, OpenAI cherche à collecter 1 milliard de dollars de dons – il n'en récoltera finalement que 130 millions.

Face à ce constat, et sachant que ses projets de recherche nécessiteraient des milliards d'investissements dans les talents et le *computing*, OpenAI est contraint de changer son fusil d'épaule. « Au début, nous étions un laboratoire de recherche. Nous n'avions aucune idée de la direction qu'allait prendre l'IA. C'était bien avant que les LLM deviennent un gros truc, se souvient Sam Altman. Très vite, il est devenu clair que nous allions faire davantage de choses qui allaient nécessiter d'énormes capitaux. Or notre structure ne correspondait pas à ces besoins. » En plus de la structure initiale à but non lucratif, une nouvelle filiale, à but lucratif et pouvant lever des capitaux, voit donc le jour. Sam Altman est un personnage majeur dans cette transition et l'homme devient PDG d'OpenAI en 2019. La transition porte ses fruits : cette même année, Microsoft investit 1 milliard de dollars[79] dans OpenAI et devient son fournisseur exclusif de cloud.

OpenAI place certes des garde-fous : contrôle de la structure non lucrative sur la partie lucrative, impossibilité juridique pour cette dernière de dévier de la mission

79. Microsoft invests in and partners with OpenAI to support us building beneficial AGI, [https://openai.com/index/microsoft-invests-in-and-partners-with-openai/].

originelle d'OpenAI, plafonnement des retombées financières pour les investisseurs... Mais pour beaucoup, la pomme de la discorde est déjà là. OpenAI devient un monstre à deux têtes, tiraillé entre deux factions contradictoires. Même Sam Altman le reconnaît aujourd'hui : « le moins qu'on puisse dire, c'est que notre structure est curieuse, dit le dirigeant. Si nous avions su ce qui se passerait plus tard, nous serions devenus une société à but lucratif dès le début. »

En 2018, ces divisions éclatent avec le départ d'Elon Musk d'OpenAI. « Il pensait qu'OpenAI allait échouer, estime aujourd'hui Sam Altman. Elon Musk voulait qu'OpenAI devienne une entreprise à but lucratif dont il aurait le contrôle ou qui aurait fusionné avec Tesla. » Mais le départ du milliardaire sud-africain ne résout pas tout. Les divisions repartent de plus belle après le lancement de ChatGPT. Alors que Sam Altman parcourt la planète tel un chef d'État, rencontrant tous les puissants de ce monde, certains membres du conseil d'administration craignent une fuite en avant et s'inquiètent des risques de ChatGPT. OpenAI a publié le chatbot alors même qu'il était loin d'être parfait. Certains membres du *board* plaident pour davantage de prudence, face à OpenAI qui lance modèle après modèle, produit après produit, à une vitesse éclair. Au sein du conseil, c'est notamment la position d'Ilya Sutskever, de Helen Toner et de Tasha McCauley – tous les trois quitteront le *board* lors du remaniement.

À l'inverse, Sam Altman est convaincu que la recherche d'OpenAI doit être intégrée le plus vite possible dans des produits, monétisables auprès des entreprises. Pour le dirigeant d'OpenAI, la course pour l'IAG aussi est une véritable guerre où tous les coups ou presque sont permis. « Le chemin vers l'IAG va être une énorme lutte pour le pouvoir. Je m'attends à ce que ce soit le cas », dit Sam Altman. Aujourd'hui, les choses sont revenues à la normale chez OpenAI. Mais Sam Altman sait que ces divisions peuvent resurgir à n'importe quel moment, tels de vieux démons.

Open source versus *systèmes propriétaires : un débat « quasi religieux » dans le milieu de l'IA*

Une autre grande fracture concerne la distribution des modèles et des systèmes d'IA. Ceux-ci doivent-ils être librement utilisables par la communauté des chercheurs et des développeurs, en « open source » ? Ou doivent-ils au contraire être considérés comme des innovations propriétaires, qui doivent rester uniquement aux mains de ceux qui les ont créés ?

Ce débat n'est pas propre à l'IA. Il remonte à la création des premiers logiciels dans les années 1990. Le mot même « open source » apparaît en 1998 : il désigne alors les logiciels dont le code source, la colonne vertébrale, est public – ce qui signifie qu'il peut être accessible et amélioré par tout un chacun. Mais ce n'est pas la seule condition. Les logiciels open source doivent respecter dix critères, définis par l'Open Source Initiative[80], une organisation à but non lucratif basée en Californie et créée en 1998. Par exemple, le logiciel doit pouvoir être distribué gratuitement, être utilisé par n'importe quelle

80. The Open Source Definition, [https://opensource.org/osd].

personne ou n'importe quel secteur d'activité, et fonctionner sur n'importe quelle technologie ou plateforme.

La promesse de l'open source est que, de cette façon, les logiciels seront plus robustes, plus fiables, plus flexibles et moins chers que les logiciels dits propriétaires. Dans les années 1990, le navigateur Internet Netscape et les systèmes d'exploitation Linux sont les premiers acteurs de l'open source. Aujourd'hui, ce camp regroupe par exemple Google, avec son système d'exploitation Android, la fondation Mozilla avec son navigateur Firefox, Meta, la plateforme de développeurs GitHub... À l'inverse, Microsoft, le géant par excellence des logiciels, a historiquement combattu l'open source qu'il voyait comme une menace pour ses revenus et ses activités. Le groupe a toutefois changé sa position dans les années 2010, sous l'impulsion du nouveau PDG Satya Nadella, qui a succédé à Steve Ballmer (2000-2014) et Bill Gates (1975-2000), plus méfiants envers l'open source.

À l'inverse, les tenants de l'approche « fermée » ou « propriétaire » estiment que les logiciels embarquent de la propriété intellectuelle qui doit être protégée et valorisée. L'impératif de sécurité est aussi souvent mis en avant : les logiciels « fermés » seraient plus sûrs, selon les partisans des systèmes « *closed source* ». Apple incarne à la perfection cette philosophie. Dans les iPhones, par exemple, seul l'App Store est autorisé, Safari (le navigateur d'Apple) est embarqué par défaut, de même qu'une suite d'applications maison préenregistrées, comme Maps ou Music.

Aujourd'hui, ce même débat agite la communauté de l'intelligence artificielle. Pour Sam Altman, le sujet est même devenu « une ligne de front religieuse, où la nuance n'existe pas ». Dans cette phrase, le dirigeant semble répondre aux détracteurs d'OpenAI, qui reprochent à la start-up d'être devenue une boîte noire. Personne ne sait ainsi le nombre de paramètres que comptent les derniers modèles d'OpenAI, puisque la start-up ne publie pas ses modèles. Pourtant, en 2015, lorsque l'entreprise voit le jour, l'idée est bien de construire une IA « ouverte » – d'où son nom, OpenAI. « OpenAI était un peu ouvert, mais depuis le mariage avec Microsoft, ils se sont fermés comme une huître », tacle Yann LeCun, chez Meta. « OpenAI est devenue ClosedAI », entend-on souvent dans l'écosystème.

Mais pour Sam Altman, le débat doit être plus nuancé. Aux yeux du patron d'OpenAI, les deux approches peuvent coexister, de la même façon qu'Android, le système d'exploitation « ouvert » de Google sur les smartphones, coexiste avec iOS, le système d'exploitation « fermé » d'Apple pour les iPhones. Pour Sam Altman, les plus petits modèles d'IA ont ainsi davantage vocation à être open source, tandis que les plus gros (qui sont la spécialité d'OpenAI) doivent rester « fermés », notamment pour des raisons de sécurité. « Qu'ils soient open source ou propriétaires, les deux systèmes vont cohabiter, pronostique aussi Patrick Perez, le directeur du laboratoire Kyutai à Paris. C'est ce qui s'est passé dans le logiciel. »

Ce débat n'est pas que religieux, voire philosophique, même si les deux systèmes incarnent chacun une certaine vision de l'innovation et du progrès scientifique. Chaque approche est lourde de conséquences en termes de *business model* et de monétisation. Les géants du secteur qui génèrent de juteux revenus grâce à la publicité, comme Google ou Meta, peuvent plus facilement défendre l'open source : leurs profits se comptent en dizaines de milliards de dollars. À l'inverse, face aux énormes dépenses de *computing*, les start-up plus fragiles sont davantage susceptibles de pivoter vers un positionnement plus « fermé », qui permet de monétiser les modèles en les vendant à des entreprises, comme n'importe quel logiciel payant, via un abonnement.

C'est désormais la stratégie d'OpenAI : en plus du ChatGPT gratuit, la start-up a lancé deux versions payantes pour les professionnels[81], ChatGPT Team (30 euros par utilisateur et par mois) et ChatGPT Entreprise (prix non public). Plus rapide, ce dernier comporte des fonctionnalités absentes de la version gratuite, comme un accès illimité à GPT4, un temps de réponse ultrarapide, la possibilité de générer des images,

81. ChatGPT Pricing, [https://openai.com/chatgpt/pricing/].

de commander le chatbot via la voix, du service client et des fonctions supplémentaires de sécurité… Mais surtout, dans ChatGPT Entreprise, les données de l'entreprise ne servent pas à mouliner les modèles d'OpenAI. Dans sa quête de rentabilité, OpenAI mise tout sur l'abonnement. « Nous avons un *business model* génial, sans publicité, qui finance nos besoins en calcul informatique. Dans notre modèle, l'utilisateur n'est pas le produit », résume Sam Altman, dans une pique à Meta et à ses plateformes comme Instagram, où l'utilisateur est « monétisé » via la publicité.

En France, Mistral a aussi abandonné en partie son positionnement historique pro-open source. La start-up était connue jusqu'à présent pour ses « petits » modèles, légers, performants, plus économes et disponibles en open source. Mais en février 2024, Mistral a lancé son premier modèle « propriétaire », Mistral Large, sur une formule payante. Depuis, la start-up marche sur deux jambes : des modèles en open source et des modèles commerciaux payants. Dans un entretien au *Monde*[82], Arthur Mensch, le cofondateur et directeur général de Mistral, nie alors tout revirement. « Nous avons commencé par des modèles open source, que tout le monde peut déployer gratuitement, car c'est une manière de

82. « Arthur Mensch, de Mistral AI : « En intelligence artificielle, nous pouvons rivaliser avec Google ou OpenAI » », Le Monde.fr.

les diffuser largement et de créer de la demande. Mais nous avons, dès le début, prévu un modèle économique avec des modèles optimisés, explique le patron. L'activité commerciale nous permettra de financer la recherche coûteuse nécessaire au développement de modèles ».

Meta, le porte-parole de l'open source

Par rapport à OpenAI et Mistral, Meta a fait le choix opposé : le groupe de Mark Zuckerberg est le plus grand défenseur de l'open source dans l'IA. Ses modèles Llama sont téléchargeables directement et gratuitement sur le site de Meta et sur la plateforme HuggingFace, une sorte de « supermarché » des modèles open source, ainsi que sur les plateformes cloud de Google ou de Microsoft, entre autres. Pour télécharger Llma, l'utilisateur doit simplement laisser son e-mail, signer un accord de licence et télécharger le modèle dans les vingt-quatre heures. Ensuite, les utilisateurs (entreprises, développeurs, etc.) peuvent jouer avec le modèle, le perfectionner (*fine tuning*), construire des applications commerciales par-dessus... Dans l'Arizona, une clinique a ainsi construit un LLM spécialisé dans la radio-oncologie qui réalise des diagnostics et suggère des traitements[83]. La clinique a utilisé Llama 2 mais y a intégré les données médicales de ses patients.

En autorisant cette très large diffusion, Meta espère que ses modèles deviendront le standard du secteur. Meta veut faire avec Llma ce que Google a fait avec Android, son

83. Community Stories - Meta Llama, [https://llama.meta.com/community-stories/].

système d'exploitation qui fait tourner huit smartphones sur dix dans le monde : devenir la technologie référente. « À court terme, nous allons perdre de l'argent au vu des dizaines de milliards de dollars investis. Mais à long terme, si notre modèle devient un standard, cela va créer un cercle vertueux[84] », décrypte Nick Clegg, vice-président de Meta. Pour autant, Meta a mis des garde-fous : ainsi, le groupe ne publie pas, pour des raisons concurrentielles, les données qui ont été nécessaires à l'entraînement de Llama. Et les utilisateurs ne peuvent pas télécharger Llama pour perfectionner d'autres modèles concurrents.

L'idée est aussi de profiter en temps réel des retours d'expérience de la communauté scientifique et des développeurs, pour améliorer sans cesse les modèles. Meta espère ainsi déclencher une « vague d'innovation » et en recueillir les fruits. « On peut être très religieux à propos de l'open source, ou au contraire très pragmatique, mais l'open source est nécessaire car il fait progresser le secteur de l'IA dans son ensemble », justifie ainsi Yann LeCun. « Quand nous partageons un modèle, il devient plus robuste. Tout le monde peut aller creuser dedans. Cela fait monter la barre d'un cran », témoigne aussi Joëlle Pineau, vice-présidente chez Meta.

---

84. Dans un défi à OpenAI, Meta ouvre son modèle de langage aux entreprises, [https://www.lesechos.fr/tech-medias/intelligence-artificielle/dans-un-defi-a-openai-meta-ouvre-son-modele-de-langage-aux-entreprises-1963430].

Mais ce positionnement sert aussi des intérêts bien compris. En promouvant l'open source partout, tout le temps, Meta se présente sous son meilleur jour : le groupe donne l'image d'une entreprise ouverte œuvrant pour la science, le progrès et le bien commun, au moment où les États-Unis et l'Europe s'attaquent aux géants du numérique. Avec l'open source, Meta se positionne comme un acteur de l'IA parmi tant d'autres, lui qui détient pourtant un quasi-monopole dans le monde des réseaux sociaux... Une façon d'anticiper la régulation de l'IA par les États ? « Il faut que les systèmes d'IA soient les plus divers possibles. Nos vies ne doivent pas régies par des LLM créés par deux sociétés de la côte ouest des États-Unis, plaidait récemment Yann LeCun, en référence à Meta et à Google. Il ne faut pas que la régulation rende ça impossible. »

Techno-optimistes versus *doomers*

Un troisième clivage, peut-être encore plus profond, divise l'écosystème de l'IA. Il oppose les techno-optimistes, pour qui l'IA va déclencher une nouvelle révolution industrielle et aider la planète à résoudre les grands défis mondiaux, créant ainsi un nouvel âge d'or pour l'humanité, aux *doomers*. Ces derniers pensent au contraire que l'IA fait courir des risques inédits, aussi grands que la menace nucléaire, et met en jeu la survie même de l'humanité. Les *doomers* ne s'autoproclament pas comme tels : il s'agit d'une étiquette, utilisée par le camp adverse, pour se moquer d'eux et les stigmatiser. Dans tous les cas, la formule est très explicite. Le mot vient de l'anglais *doom* qui signifie « mort », « destin tragique », « perte », » ruine »…

Cette ligne de fracture n'est pas apparue avec l'IA. Il s'agit au contraire d'un débat quasi philosophique qui remonte à l'apparition des premières machines. L'innovation rend-elle service à l'homme, en décuplant ses capacités, ou conduit-elle au contraire à son asservissement ? Avant l'IA, l'invention de l'écriture, de l'imprimerie, des ordinateurs portables, du Web et des smartphones ont chacun provoqué de tels débats. Le site

Pessimists Archive[85] regorge d'exemples historiques sur l'hystérie, la panique, le sentiment de faillite morale, économique et sociale qui a toujours accompagné l'arrivée de nouvelles technologies.

Ainsi, dans la Grèce antique, Socrate était contre l'utilisation de l'écriture, qui selon lui allait diffuser la pensée à des personnes auxquelles elle n'était pas destinée. Pour Socrate, la pensée naît du dialogue, de la rencontre, mais pas de l'écriture. Au XVe siècle, l'élite « intellectuelle » craint de perdre le monopole des savoirs et de la connaissance avec l'invention de l'imprimerie. Au XIXe siècle, la mécanisation de l'agriculture et de l'industrie grâce à l'invention de la machine à vapeur fracture aussi les sociétés. « Dès 1872, l'écrivain britannique Samuel Butler publiait un roman qui présentait deux groupes opposés, l'un défendant les machines, l'autre craignant qu'elles ne nous remplacent un jour[86], » rappelle Gilles Moyse, docteur en intelligence artificielle.

Avec l'IA, cette même tension entre homme et machine a resurgi. Les acteurs de l'IA semblent mus par une véritable quête, celle de concevoir des systèmes d'IA plus

---

85. Pessimists Archive, [https://pessimistsarchive.org/].

86. « Doomers » versus « techno-optimistes » : le schisme qui fracture l'IA, [https://www.lesechos.fr/tech-medias/intelligence-artificielle/doomers-versus-techno-optimistes-le-schisme-qui-fracture-lia-2030929].

intelligents que les humains, ce qu'on appelle l'intelligence artificielle générale (IAG). Cette quête pour l'IAG est au cœur de la mission d'OpenAI. Dès lors, « la question, c'est : comment peut-on avoir chacun un assistant d'IA, sans devenir assistés ? pointe Eric Salobir, le prêtre dominicain qui a contribué à élaborer la position du Vatican sur l'IA. Est-ce que l'IA va conduire à une perte d'autonomie humaine ? Ou au contraire, est-ce que l'IA va nous permettre de passer un cap et de devenir plus intelligents ? »

Les *doomers* ne représentent pas une minorité dans la réflexion sur l'IA. Au contraire, ce camp regroupe des stars du secteur, comme Demis Hassabis, qui dirige Google DeepMind, Dario Amodei, le PDG de la start-up californienne Anthropic, mais aussi Yoshua Bengio et Geoffrey Hinton, deux professeurs de renom qui avaient remporté le prix Turing en même temps que Yann LeCun… L'année dernière, lors d'une audition devant le Sénat américain, même Sam Altman semblait envisager le pire, à grand renfort de rhétorique : « Est-ce que [l'IA] sera comme l'imprimerie qui a diffusé largement les connaissances, le pouvoir et l'apprentissage à travers le paysage, qui a donné du pouvoir aux individus ordinaires, qui a conduit à un plus grand épanouissement et (…) à une plus grande liberté ? Ou est-ce que cela ressemblera davantage à la bombe atomique – une énorme avancée technologique, mais dont les conséquences (graves, terribles) continuent de nous hanter encore aujourd'hui ? »

Les *doomers* disposent aussi d'une grande visibilité dans les médias et d'une forte caisse de résonance. En 2023, ils ont été à l'origine de deux pétitions, reprises par toute la presse internationale. La première avait été signée par plus de 1 000 personnalités, dont Elon Musk et l'un des cofondateurs d'Apple, Steve Wozniak. Elle dépeignait une vision apocalyptique de l'IA : pour les signataires, l'IA ferait disparaître les métiers « les plus passionnants », conduirait à une « perte de contrôle de l'homme sur la civilisation », le tout à cause de « leaders technologiques non élus » qui seraient en train de mettre au point « d'imprévisibles boîtes noires »… Face à ces risques, la lettre appelait donc à un moratoire de six mois sur l'IA, pour stopper tous les modèles potentiellement plus puissants que GPT4. Autant dire que le moratoire n'a jamais été respecté. Le mois suivant, une autre lettre ouverte, signée par 350 personnes, évoquait un « risque d'extinction » de l'humanité. IA, pandémie, guerre nucléaire : dans la lettre, les trois phénomènes étaient mis sur le même plan.

Mais quel poids réel donner à leurs arguments ? Faut-il y voir une grande opération d'« *ethical washing* » ? Un moyen pour ces géants de se présenter comme des acteurs responsables, soucieux du devenir de l'humanité, qui auraient dans leurs mains des outils aussi puissants que le feu ou l'électricité ? Le fait que des géants de l'IA aient signé de telles lettres, tout en continuant de dépenser des milliards dans des modèles toujours plus puissants, a sérieusement décrédibilisé leurs positions… Par ailleurs, cette dramatisation à l'excès des enjeux semble prématurée, l'IA étant encore relativement peu utilisée par les entreprises et le grand public. Enfin, tous les pontes de l'IA s'accordent pour dire que l'intelligence artificielle ne surpassera pas l'intelligence humaine avant des années – si tant est qu'elle y arrive un jour.

C'est pourquoi d'autres chercheurs, sans être forcément *doomers*, alertent plutôt sur les risques plus immédiats, sur l'emploi, l'environnement, la cohésion des sociétés et des démocraties, notamment avec la prolifération des *deepfakes*, ces vidéos truquées, générées par l'IA, qui peuvent faire dire n'importe quoi à n'importe qui… Cette école de pensée, qui plaide pour une approche éthique dans l'IA (« *ethical AI* »), appelle à travailler sur les risques à court terme, dont certains sont déjà bien réels. C'est le cas des deepfakes politiques. En février 2024, 5 000 électeurs du New Hampshire ont reçu un appel automatique dans lequel le président américain les priait de ne pas aller voter pour les primaires démocrates[87]. Sauf que tout était faux. Le trucage avait

87. « Deepfake de Joe Biden : l'identité du commanditaire dévoilée », Le Monde.fr.

été réalisé par un consultant, travaillant pour un rival de Joe Biden à l'investiture démocrate, qui avait utilisé l'IA pour répliquer la voix du président…

Une chance pour l'humanité

À l'inverse, le camp des techno-optimistes voit dans l'IA une chance pour l'humanité. Cette technologie de rupture va pouvoir accélérer le progrès scientifique, par exemple en facilitant la découverte de nouveaux médicaments, en apportant des solutions au réchauffement climatique, etc. Selon eux, l'IA est intrinsèquement différente des autres grandes inventions : il s'agit d'une technologie non linéaire (avec des progrès exponentiels), auto-apprenante (l'IA s'améliore d'elle-même) et multisectorielle (qui va bouleverser tous les secteurs).

Dans ce groupe, l'on retrouve notamment Yann LeCun, de Meta, ou Sundar Pichai, le PDG de Google. « L'IA va apporter une nouvelle renaissance, comme après l'invention de l'imprimerie », croit Yann LeCun. Pour Sundar Pichai, l'IA est une « une manière de repousser la frontière de ce qui est possible[88] » : « On parle d'une technologie qui peut tout améliorer, qui aura des effets multiples à tous les niveaux de l'économie et qui va à coup sûr augmenter

88. « L'intelligence artificielle va bouleverser tous les secteurs », annonce Sundar Pichai, [https://www.lesechos.fr/tech-medias/hightech/lintelligence-artificielle-va-bouleverser-tous-les-secteurs-annonce-sundar-pichai-2076735].

la productivité et la créativité », anticipe le patron de Google.

Marc Andreessen, cofondateur du fonds de capital-risque Andreessen Horowitz (l'un des plus gros dans la tech, avec 42 milliards de dollars d'actifs sous gestion) est également sur cette ligne. Pour cette star de la tech, l'IA est la plus grande invention jamais conçue par l'homme, « comme l'électricité et les puces électroniques ». « Les gens ont la trouille, mais heureusement, je suis là pour apporter les bonnes nouvelles : l'IA ne va pas détruire la planète, mais bien la sauver[89] », écrivait le financier en 2023 dans un essai très commenté.

89. Andreessen Marc, Why AI Will Save the World, [https://a16z.com/ai-will-save-the-world/].

Une secte ?

Pour les techno-optimistes, les *doomers* font fausse route pour plusieurs raisons. Pour commencer, le monde ne basculera pas d'un coup dans l'ère de l'IAG et des systèmes super-intelligents, disent les techno-optimistes. Personne n'appuiera sur le « bouton ». Il s'agira d'un processus graduel, mais pas d'un moment marquant un avant et un après. « Au début, nous aurons des systèmes aussi intelligents que des chats et nous monterons les échelons, dit Yann LeCun. Ce ne sera pas le fait d'une personne. Nous n'allons pas être exposés à une seule IA qui nous tuera tous. »

Si les systèmes d'IA voulaient tuer l'humanité, comme le pensent certains *doomers*, cela impliquerait qu'ils aient une autonomie, des motivations propres et un instinct de survie – comme les animaux et les humains. Deuxième erreur ! Pour les techno-optimistes, les IA restent des modèles statistiques, conçus, opérés, contrôlés par des humains. Surtout, il s'agit de machines : dès lors, les IA ne vont pas devenir vivantes, du moins « pas plus que votre grille-pain », souligne avec malice Marc Andreessen. Pour l'investisseur star de la tech, les *doomers* formeraient même une secte, qui se complairait dans une vision apocalyptique et extrême de l'IA.

*****

CHAPITRE 6

LA GUERRE DES ÉTATS

La scène se déroule à Bletchey Park, dans la campagne verdoyante du Buckinghamshire, à environ 80 kilomètres au nord-ouest de Londres. Un site bien connu des Britanniques : pendant la Seconde Guerre mondiale, c'est ici, dans ce manoir de briques rouges de style néogothique et Tudor, que le gouvernement de Londres réussit à décrypter certaines communications de l'Allemagne nazie, notamment les signaux des machines Enigma et Lorenz. De quoi en faire un symbole du savoir-faire britannique en matière d'informatique. Quatre-vingts ans plus tard, c'est dans ce lieu chargé d'histoire que le Royaume-Uni accueille, en novembre 2023, 28 pays pour le premier sommet international dédié à l'intelligence artificielle : l'AI Safety Summit.

Pour l'occasion, une centaine de personnalités ont fait le déplacement. Sam Altman, le PDG et cofondateur d'OpenAI, est présent. Côté politique, les VIP pullulent : Ursula von der Leyen, la présidente de la Commission européenne ; Gina Raimondo, la secrétaire américaine au Commerce ; Antonio Guterres, le secrétaire général des Nations-Unies ; Bruno Le Maire, le ministre français de l'Économie… Même la Chine est représentée, avec Wu Zhaohui, le vice-ministre chinois en charge de la Science et la Tech.

Le but du sommet est de poser les bases d'une régulation mondiale de l'IA, en fixant quelques principes clés, pour se prémunir des risques. Après deux jours de discussions, le sommet accouchera d'ailleurs d'une « déclaration[90] », dans laquelle les 28 pays présents s'engagent à développer l'IA de façon « sûre », « fiable » et « responsable », pour que cette technologie bénéficie à tous. Mais derrière cette unité de façade, le sommet de Bletchey a aussi révélé de profondes dissensions entre les États. Tous sont en compétition pour prendre le leadership sur la régulation de l'IA. Et tous ne sont pas d'accord sur la véritable ampleur des risques que pose l'IA.

---

90. The Bletchley Declaration by Countries Attending the AI Safety Summit, 1-2 November 2023, [https://www.gov.uk/government/publications/ai-safety-summit-2023-the-bletchley-declaration/the-bletchley-declaration-by-countries-attending-the-ai-safety-summit-1-2-november-2023].

Pour certains Européens, dont les Français, le discours alarmiste tenu par les États-Unis lors du sommet sert à faire dévier l'attention du vrai problème : le quasi-monopole que Washington a acquis dans l'IA, avec OpenAI, Google, Meta et Amazon… Avant Bletchey, ce discours faisant de l'IA une menace pour l'humanité avait déjà été relayé par plusieurs personnalités de la tech américaine, dont Sam Altman et Elon Musk. Les deux hommes d'affaires avaient même appelé à un moratoire sur le développement des modèles d'IA. Plus mesurés, les Français, eux, plaident pour une régulation granulaire des usages, au cas par cas, pour ne pas tuer dans l'œuf l'atout tricolore numéro 1 dans la course à l'IA : la start-up Mistral. « Nous sommes méfiants face au discours alarmiste des Anglo-Saxons », confie un participant français à Bletchey[91]. À Paris, l'organisation même du sommet par le Royaume-Uni est mal passée, pour une raison simple : la France était elle aussi candidate pour organiser cette rencontre diplomatique de haut niveau.

L'anecdote illustre à quel point la bataille de l'IA est aussi une guerre entre États. L'irruption de l'IA générative a réactivé une course entre les grandes puissances

91. Sommet mondial de l'IA : de l'unité et des dissensions, [https://www.lesechos.fr/tech-medias/intelligence-artificielle/sommet-mondial-de-lia-de-lunite-et-des-dissensions-2026547].

pour le leadership technologique, à coups de milliards d'investissements. À ce stade, les États-Unis mènent la danse, de très loin : en 2023, le montant des seuls investissements privés du pays dans l'IA a atteint 67,2 milliards de dollars, selon l'AI Index Report de l'université Stanford, soit presque neuf fois plus que la Chine – pourtant le deuxième plus gros investisseur avec presque 8 milliards de dollars. Le Royaume-Uni ferme ce trio de tête (presque 4 milliards). La France arrive à la sixième place avec 1,69 milliard, derrière l'Allemagne et la Suède. Toutes ces économies espèrent capter en premier les bénéfices économiques et sociaux de l'IA : rien qu'en France, l'adoption de l'IA permettrait de générer 1,35 % de croissance en économie additionnelle d'ici à 2034. L'enjeu est absolument essentiel pour l'Europe, qui ne veut en aucun cas que l'IA n'aggrave sa situation de dépendance technologique vis-à-vis des États-Unis.

« Or, à ce jour, la France et l'Europe sont en retard », regrette la Commission française sur l'IA dans son rapport de mars 2024. Ainsi, les États-Unis ont financé deux fois et demie plus d'entreprises d'IA que l'Europe sur les dix dernières années, selon le rapport de la Commission IA du gouvernement français. Les investissements privés aux États-Unis dans l'IA sont aujourd'hui six fois supérieurs à ceux de l'Union européenne et le Royaume-Uni réunis, selon l'AI Index Report. Surtout, l'écart s'accroît : là où les investissements privés dans l'IA ont tendance à ralentir en Europe (- 14,1 % depuis 2022), ils augmentent très fortement aux États-Unis (+ 22,1 %) selon ce même rapport.

En Europe, le match France-Royaume-Uni

Cette guerre entre États s'exprime à l'intérieur même de l'Europe. Sur le continent, deux pays s'affrontent : le Royaume-Uni et la France. Faute de pouvoir rivaliser avec les États-Unis et la Chine, Paris et Londres sont en concurrence directe pour devenir la tête de file de l'IA générative en Europe. La France et le Royaume-Uni ont d'ailleurs bâti leurs premières stratégies IA au même moment, en 2018 : cette année-là, Emmanuel Macron fraîchement élu commande un rapport au mathématicien Cédric Villani, qui jettera les bases de la future stratégie française en la matière. Cette même année, le Royaume-Uni, lui, met 1 milliard de livres britanniques sur la table dans le cadre de son AI Sector Deal.

« L'année 2018 constitue un vrai moment technologique. Il y a eu une vraie rupture au niveau de la recherche et les GAFAM sont devenus moteurs. Mais le sujet de l'IA était encore confidentiel et réservé aux entreprises. Le rapport Villani a permis de défricher le terrain, de parvenir à une certaine prise de conscience auprès de la sphère politique et du grand public. À l'époque, la France partait de zéro, on parlait beaucoup de données mais encore peu d'IA. Cela n'a rien à voir avec la situation d'aujourd'hui. Avec ChatGPT, l'IA est devenue le sujet de tout le monde », explique Bertrand Rondepierre, alors rapporteur de la mission Villani et à présent directeur de l'AMIAD, l'Agence ministérielle pour l'intelligence artificielle de défense rattachée au ministère des Armées.

Résultat : la course s'est accélérée entre les deux pays. « La capitale des Lumières est en train de devenir une capitale de l'intelligence artificielle[92] », disait Emmanuel Macron en mai 2024 en recevant à l'Élysée les grands talents français du secteur. Une ambition que lui jalouse aussi Rishi Sunak, l'ex Premier ministre britannique : « (…) je veux que le Royaume-Uni devienne leader à domicile et à l'étranger dans [le] développement [de l'IA] », affirmait le chef du gouvernement en juin 2023, lorsqu'OpenAI avait choisi Londres pour son premier bureau à l'international.

Preuve de cette compétition des deux côtés de la Manche, Paris avait aussi courtisé OpenAI pour que la start-up s'installe sur son sol : Emmanuel Macron et Bruno Le Maire avaient personnellement rencontré Sam Altman lors de sa grande tournée européenne du printemps 2023. Mais pour OpenAI, le choix de Londres s'est rapidement imposé. La capitale britannique est un hub majeur de

92. Rassemblement des plus grands talents français de l'IA., [https://www.elysee.fr/emmanuel-macron/2024/05/22/rassemblement-des-plus-grands-talents-francais-de-lia].

l'IA depuis au moins 2010, lorsque DeepMind, le laboratoire de recherche en IA, s'installe dans le quartier de King's Cross, avant d'être racheté par Google quelques années plus tard.

Depuis, l'écosystème d'IA britannique a grossi : en 2023, le secteur employait plus de 50 000 personnes au sens large réparties dans quelque 3 200 entreprises, selon un rapport du gouvernement britannique, contre 13 500 personnes en France, d'après l'Élysée[93]. Au moment de s'implanter à Londres, OpenAI avait d'ailleurs mis en avant « l'exceptionnel réservoir de talents » de la capitale britannique. C'est aussi ce qui avait motivé Anthropic, la start-up californienne à l'origine des modèles Claude et grande rivale d'OpenAI, lorsqu'elle aussi avait posé ses valises à Londres au même moment, dans un joli doublé pour Rishi Sunak.

En plus des talents, Londres capitalise sur sa proximité culturelle et linguistique avec les États-Unis et sur un environnement réglementaire perçu comme plus souple. Du fait du Brexit, l'AI Act, le premier texte européen régissant le développement de l'IA, ne s'applique pas au Royaume-Uni, offrant supposément plus de latitude aux géants du secteur… Lors de sa tournée européenne du printemps 2023, Sam Altman avait déclaré qu'OpenAI

---

93. Rassemblement des plus grands talents français de l'IA., [https://www.elysee.fr/emmanuel-macron/2024/05/22/rassemblement-des-plus-grands-talents-francais-de-lia].

pourrait « cesser d'opérer » en Europe si jamais le règlement continental, alors en cours d'élaboration, lui imposait trop de contraintes…

Mais ce qui diffère surtout entre Paris et Londres, c'est l'accès au capital : au Royaume-Uni, les start-up de l'IA ont moins de mal que leurs homologues françaises à lever des fonds pour passer à l'échelle, une fois franchie la phase d'amorçage. « Il nous faut plus d'argent venant de l'étranger et plus d'argent privé », reconnaît Cédric O, l'ancien secrétaire d'État au numérique d'Emmanuel Macron. Ainsi, les start-up britanniques (tous secteurs confondus) ont levé presque 17 milliards d'euros en 2023, soit deux fois plus qu'en France (8,32 milliards), selon le baromètre du capital-risque fait par EY[94].

Sans surprise, ce décalage se retrouve en matière d'IA : outre-Manche, les investissements privés dans l'IA ont atteint presque 4 milliards de dollars en 2023 et plus de 22 milliards depuis 2013, selon l'AI Index Report de l'université Stanford. Soit respectivement 2 fois et 2,6 fois plus que la France. Une facilité à mobiliser le capital qui a permis de financer 104 nouvelles entreprises de l'IA en 2023, contre seulement 58 en France, selon ce même rapport.

94. Levées de fonds dans la French Tech : après deux années d'euphorie, la correction de 2023, [https://www.lesechos.fr/start-up/ecosysteme/levees-de-fonds-dans-la-french-tech-apres-deux-annees-deuphorie-la-correction-de-2023-2045573].

Derrière Mistral, 600 start-up de l'IA à Paris

Malgré ces chiffres sans appel, Paris estime avoir l'avantage face à Londres. « Pour exister dans l'IA, il faut des symboles et Mistral en est un. Grâce à Mistral, Paris a un écosystème plus riche que Londres », estime Cédric O, qui conseille désormais la start-up dans ses relations avec les pouvoirs publics. Il est vrai que Mistral occupe une place majeure dans la chaîne de valeur que constitue l'IA : la start-up est l'une des rares en Europe à avoir conçu des modèles de langage, la brique fondamentale de l'IA générative, capables de rivaliser avec ceux d'OpenAI. Un atout indispensable pour Paris.

« Mistral, pour nous, c'est le beurre et l'argent du beurre : ils construisent de gros modèles d'IA et ils sont français. Sur le marché, ce sont eux qui dictent le tempo des embauches : ils ont recruté chez Google, Meta, Helsing… », témoigne Bertrand Rondepierre.

Dans cette rivalité avec Londres, Paris peut aussi compter sur son excellence en mathématiques et en informatique qui a poussé les GAFAM à créer des laboratoires de recherche en IA dans la capitale, créant un riche écosystème qui fait aujourd'hui boule de neige. Pionnier en la matière, Meta a ouvert FAIR à Paris en 2015 :

le laboratoire comptait à l'époque six chercheurs[95], ils sont une centaine aujourd'hui. Google, lui, a ouvert son centre Google AI à Paris en 2018 avec cinq chercheurs[96], contre… 300 aujourd'hui, en comptant les ingénieurs et les chercheurs des autres entités du groupe, comme Chrome ou YouTube. « Il y a des pelletées de Français chez Google ! », témoigne Bertrand Rondepierre, qui fut l'un des premiers chercheurs du centre Google AI à Paris.

Or aujourd'hui, ces « Frenchies » de l'IA n'hésitent plus à quitter les GAFAM pour monter leurs propres start-up. « Une génération entière de Français issus des GAFAM est en train de créer des start-up, constate Cédric O. Si Google et Meta n'avaient pas lancé leurs centres IA à Paris, ces Français seraient partis monter leurs entreprises aux États-Unis. Jamais ils ne seraient allés faire de l'IA chez Thalès ou Airbus à Paris. »

Ce changement a été provoqué par un double mouvement. D'une part, le Covid a provoqué une réflexion plus large sur le rapport au travail et sur la souveraineté européenne (notamment technologique), poussant de nombreux salariés, y compris dans la tech, à tenter l'aventure

95. « Facebook ouvre un laboratoire d'intelligence artificielle à Paris », Le Monde.fr.

96. Google ouvre son centre de recherche parisien sur l'IA, [https://www.lesechos.fr/tech-medias/intelligence-artificielle/google-ouvre-son-centre-de-recherche-parisien-sur-lia-139350].

de l'entrepreneuriat. Par ailleurs, le succès de Mistral, fondé par trois Français passés par Google et Meta, a montré que cette voie était possible... L'écosystème parisien s'est donc mis en marche : aujourd'hui, la France compte 600 start-up de l'IA selon l'Élysée. Parmi elles : LightOn, Dust (créée par un ancien d'OpenAI), Poolside AI, ainsi que d'autres, plus sectorielles, comme Helsing dans la défense, Nabla dans la santé ou Jimini AI dans le juridique[97]. « Il y a une course aux talents sur la place parisienne, qui détient désormais un bel écosystème. En France, certains profils sont très, très, forts », témoigne Patrick Perez, le directeur de Kyutai, le laboratoire de recherche en IA cofinancé par Xavier Niel.

97. IA : des anciens de Google DeepMind cherchent à monter une start-up à Paris, [https://www.lesechos.fr/start-up/deals/ia-des-anciens-de-google-deepmind-cherchent-a-monter-une-start-up-a-paris-2071042].

États-Unis versus *Chine : la guerre des puces*

Le voilà, le match du siècle ! En dehors de l'Europe, l'IA générative a accentué la rivalité stratégique entre les deux premières puissances de la planète : les États-Unis et la Chine. Voilà des années que Washington cherche à contenir l'avancée technologique de Pékin, qui dispose désormais de géants mondiaux dans tous les secteurs de la tech : des équipements télécoms (Huawei, ZTE) aux smartphones (Xiaomi), en passant par les réseaux sociaux (TikTok), l'e-commerce (Alibaba, Temu, Shein), les semi-conducteurs (SMIC) et les drones (DJI).

Pour cela, les États-Unis ont eu recours à une palette d'outils (sanctions, etc.) mais l'argument sous-jacent reste le même : pour Washington, ces entreprises ont des liens plus ou moins directs avec le Parti communiste chinois au pouvoir et menacent donc la sécurité des États-Unis. Ces mesures ont d'ailleurs été efficaces puisqu'à part TikTok et Shein, aucun géant technologique chinois n'a percé aux États-Unis, alors que tous ont une très forte présence en Europe et dans le reste du monde. À l'inverse, la Chine a elle aussi fermé, depuis des années, son marché intérieur à plusieurs champions technologiques américains, offrant ainsi un boulevard aux géants chinois : ainsi, Facebook, Instagram et Google sont inaccessibles en Chine.

En 2019, cette rivalité de longue date s'est muée en une véritable guerre technologique, lorsque Donald Trump a placé Huawei sur la célèbre « Entity List » du département du Commerce. Du jour au lendemain, ses fournisseurs américains ont eu l'interdiction formelle de lui fournir des technologies clés. Ne pouvant plus embarquer les applications de Google ou les puces de Qualcomm dans ses smartphones, la part de Huawei sur le marché du mobile a fondu comme neige au soleil. Au même moment, les États-Unis et de nombreux pays européens le bloquaient aussi à l'égard du marché de la 5G, créant une crise dans la crise pour Huawei. Aujourd'hui, le nouvel ennemi des États-Unis est TikTok, que Donald Trump avait déjà essayé d'interdire en son temps : en avril 2024, Joe Biden a donné neuf mois à la plateforme pour couper les liens avec sa maison mère chinoise, ByteDance[98], faute de quoi elle serait tout simplement interdite aux États-Unis.

Dans ce contexte, il n'est pas étonnant que les États-Unis se soient aussi attaqués à l'IA générative *made in China*. Pour cela, Washington a utilisé un levier capital : l'accès des Chinois aux semi-conducteurs les plus avancés, notamment les puces GPU de l'américain Nvidia qui

---

98. Etats-Unis : la loi TikTok ouvre la voie à plusieurs scénarios, [https://www.lesechos.fr/tech-medias/hightech/etats-unis-la-loi-tiktok-ouvre-la-voie-a-plusieurs-scenarios-2091041].

sont indispensables pour entraîner les grands modèles d'intelligence artificielle. En septembre 2022, soit quelques semaines avant l'arrivée de ChatGPT, les États-Unis ont commencé à interdire aux fabricants américains de puces d'exporter vers la Chine leurs semi-conducteurs les plus puissants, comme les supercalculateurs H100 de Nvidia. Les grandes machines servant à fabriquer les puces, comme celles de Lam, KLA ou Applied Materials, ont également été touchées. Puis, en octobre 2023[99], de nouvelles mesures ont été prises pour « boucher les trous de la raquette ». Des sociétés chinoises étaient en effet parvenues à contourner les sanctions précédentes, en achetant des puces Nvidia moins puissantes que les célèbres H100.

Aux yeux des États-Unis, ces puces très haut de gamme d'origine américaine étaient utilisées par l'armée chinoise pour moderniser ses systèmes avec de l'IA. Mais ces sanctions ont eu un impact limité. Selon l'agence Reuters[100], plusieurs universités, dont la très célèbre Tsinghua qui forme les élites du pays, des laboratoires de recherche d'État et des acteurs de la sphère militaire chinoise ont réussi à acheter, en très petites quantités, des puces Nvidia

99. Leswing Kif, U.S. curbs export of more AI chips, including Nvidia H800, to China, [https://www.cnbc.com/2023/10/17/us-bans-export-of-more-ai-chips-including-nvidia-h800-to-china.html].

100. Baptista Eduardo, « China's military and government acquire Nvidia chips despite US ban », Reuters.

malgré les sanctions. Ces acheteurs chinois seraient passés par des revendeurs sur le marché noir, ou en achetant dans des pays non soumis aux sanctions, comme Singapour ou l'Inde.

Ces tours de passe-passe soulignent à quel point il est difficile pour les États-Unis de bloquer totalement les livraisons de puces vers la Chine, alors même qu'en Europe, il est possible de trouver des puces H100 de Nvidia en vente libre sur Amazon… « Le fait est que la Chine (…) continuera d'importer des puces en provenance des États-Unis pour des centaines de milliards de dollars », reconnaissait d'ailleurs, lucide, Gina Raimondo, la secrétaire américaine au Commerce, lors de l'annonce des sanctions. Pour autant, ces sanctions ont mis en évidence l'extrême dépendance de la Chine aux puces américaines. Et cela malgré l'émergence de solutions locales, comme les puces Ascend de Huawei…

La Chine, une puissance régionale de l'IA ?

Si les puces sont sa faiblesse, la Chine détient pourtant nombre d'atouts dans la course à l'IA générative, à commencer par la taille énorme de son marché intérieur. Avec 1,4 milliard d'habitants, le pays est assis sur une mine de données, le carburant de l'IA – et cela d'autant plus que le numérique y fait partie intégrante de la vie quotidienne (paiement *cashless*, reconnaissance faciale, etc.). En trente ans, le pays a fait émerger des champions de la tech dignes des GAFAM, de Baidu (le Google chinois) à Huawei, qui investissent des milliards dans la recherche et le développement et qui utilisent déjà l'IA « traditionnelle » dans leurs opérations quotidiennes depuis des années.

Ces derniers mois, ces géants ont chacun construit leurs propres modèles de langage et/ou leurs propres chatbots conversationnels, constituant autant de « réponses chinoises » à ChatGPT. Ainsi, Baidu a mis au point « Ernie », Huawei a enfanté « Pangu », tandis qu'Alibaba a conçu « Qwen », un robot qui génère automatiquement du texte, analyse les images ou les sons. En Chine, Qwen est déjà employé par 90 000 entreprises chinoises, selon Alibaba. « Qwen est un LLM de première catégorie et il est également très concurrentiel à l'international », estime Joe Tsai, le président d'Alibaba[101]. Certains groupes étrangers, comme LVMH, commencent en effet à s'en emparer pour leurs opérations dans le pays[102]. Au milieu de cette jungle chinoise de modèles de langage, il ne faut pas oublier les start-up, comme Zhipu AI (3 milliards de dollars de valorisation selon le *Financial Times*[103]) et 01. AI (1 milliard de dollars de valorisation), deux entreprises qui conçoivent des modèles de langage.

La Chine dispose en outre d'importantes capacités de calcul, indispensables pour entraîner les grands modèles de l'IA générative. En effet, Baidu, Alibaba ou Huawei sont aussi des géants du cloud : ils ont donc en interne les capacités informatiques pour faire tourner les modèles et les mettre à disposition des entreprises chinoises. De ce point de vue, la Chine a un avantage que n'a pas l'Europe, très dépendante du cloud d'Amazon et Microsoft faute

---

101. Avec Qwen, Alibaba veut devenir une puissance chinoise de l'intelligence artificielle, [https://www.lesechos.fr/tech-medias/intelligence-artificielle/avec-qwen-alibaba-veut-devenir-une-puissance-chinoise-de-lintelligence-artificielle-2099705].

102. Intelligence artificielle : LVMH s'associe à Alibaba en Chine pour digitaliser encore plus l'expérience client, [https://www.lesechos.fr/tech-medias/hightech/intelligence-artificielle-lvmh-sassocie-a-alibaba-en-chine-pour-digitaliser-encore-plus-lexperience-client-2096145].

103. La musique dissonante des Etats du Golfe dans l'intelligence artificielle, [https://www.lesechos.fr/start-up/ecosysteme/la-musique-dissonante-des-etats-du-golfe-dans-lintelligence-artificielle-2098546].

d'avoir fait émerger des acteurs du cloud ayant une envergure européenne...

Au niveau politique, la Chine a aussi érigé l'IA au rang de priorité nationale : dès 2017, le pays s'est fixé comme objectif de devenir en 2030 « un centre d'innovation majeur dans le monde » pour l'IA, rappelle une note du Parlement européen. L'objectif était de tripler la taille de l'industrie chinoise de l'intelligence artificielle d'ici 2030. À ce stade, la Chine semble voir l'IA comme une technologie servant d'abord des objectifs domestiques : comme la 5G il y a quelques années, l'IA générative doit aider les industries chinoises à gagner en compétitivité, au moment où le pays connaît une passe économique difficile (crise de l'immobilier, consommation molle, différends commerciaux avec l'Europe sur les véhicules électriques, etc.). L'IA doit aussi donner de nouveaux moyens à l'appareil sécuritaire chinois et à la défense nationale, comme le redoutent les États-Unis.

Ces priorités internes n'excluent pas que la Chine cherche, dans un second temps, des débouchés à l'international pour ses géants de l'IA, comme elle l'a fait avec Huawei sur les smartphones et les télécoms avec un succès inédit. Mais cette fois, Pékin aura sans doute plus de mal à exporter son savoir-faire en matière d'IA en dehors de l'Asie et de ses alliés traditionnels. La fermeture totale du pays pendant le Covid, ainsi que le soutien de Pékin à l'agresseur russe en Ukraine, ont en effet isolé la Chine sur les scènes internationale et technologique, formant deux écosystèmes d'IA parallèles : l'un, américano-occidental d'un côté, à vocation mondiale, et un autre chinois, plus régional et qui fonctionne plutôt en cercle semi-fermé. « La Chine a de bons ingénieurs en IA, mais ils sont relativement isolés sur la scène internationale », témoigne Yann LeCun, le « *chief AI scientist* » de Meta.

Malgré l'émergence de la Chine, les États-Unis restent donc aujourd'hui la superpuissance mondiale de l'IA : aucun autre pays n'investit autant dans l'IA, que ce soit via les financements privés (68 milliards de dollars en 2023, 9 fois plus que la Chine selon l'université Stanford) ou publics (3,3 milliards ont été fléchés au niveau fédéral pour 2023 par Joe Biden). OpenAI, Anthropic, Meta ou Google ont conçu des LLM de réputation mondiale qui arrivent dans les entreprises par tout le globe, distribués par les deux géants du cloud qui ne sont autres que Microsoft et Amazon !

Mais dans le monde très mouvant de la technologie, Washington surveille la montée de la Chine dans l'IA comme du lait sur le feu… « Pour la première fois depuis la Seconde Guerre mondiale, le leadership technologique de l'Amérique, colonne vertébrale de son pouvoir économique et militaire, est menacé », écrivait en mars 2021, la Commission de sécurité nationale sur l'intelligence artificielle (NSCAI) des États-Unis, un organisme qui conseille la Maison-Blanche et le Congrès sur le sujet[104]. Après tout, qui aurait parié, au terme du chaos de la Révolution culturelle (1966-1976), que la Chine communiste s'ouvrirait au marché et deviendrait la grande puissance technologique qu'elle est aujourd'hui ?

***

104. Table of Contents - NSCAI Final Report, [https://reports.nscai.gov/final report/].

CONCLUSION

Notre voyage dans le monde de l'IA générative touche à sa fin. Depuis les débuts d'Internet, rarement une technologie aura suscité autant d'intérêt, de questionnements, dans tous les secteurs de l'économie et au plus haut niveau des États, comme si le monde était à l'aube d'une nouvelle révolution. Il faut dire que l'IA générative a littéralement surgi dans nos vies, un jour de 2022, sans prévenir, livrant ses promesses à l'état brut, sans manuel d'explication. Ce faisant, elle a créé un choc, un de plus, en arrivant l'année où le Vieux Continent basculait dans la guerre, et au sortir d'une pandémie planétaire qui, de Zoom à Netflix, avait remis le numérique au centre de tout.

Une fois passée la surprise, il arrive cependant que des technologies connaissent des faux départs, voire tombent dans l'oubli. Quatre ans après son arrivée en France, la 5G par exemple n'est pas le « grand soir » qu'espéraient les opérateurs télécoms. À tel point que, face à ce manque d'engouement des clients, les « telcos » se sont mis à l'inclure d'office dans les forfaits, parfois sans surcoût. Cette nouvelle génération de mobile n'a pas fondamentalement changé les usages du grand public : pour regarder une série Netflix dans le métro, la 4G suffit déjà amplement. Dans le même esprit, le métavers, cet univers parallèle où chacun aurait son propre avatar en 3D, peine à se matérialiser : les casques que l'on pose sur la tête pour y accéder, comme le tout nouveau VisionPro d'Apple, sont trop lourds, trop chers. Personne, à part peut-être Mark Zuckerberg, n'a besoin du métavers s'il permet seulement de pouvoir « danser sur Internet », selon la formule du patron de Facebook, ou de « voyager » virtuellement dans un autre pays… sans quitter son salon.

À l'inverse, l'IA générative semble là pour rester. Elle répond à des problématiques concrètes dans les entreprises, à des besoins réels. Dans le grand public, sa facilité d'utilisation et son « intelligence », même si elle est encore très relative, ont bluffé des millions d'utilisateurs. Il faut voir Sora, l'outil de génération de vidéos d'OpenAI, créer de façon automatique, à partir de quelques lignes de texte, des petits films d'une minute d'un réalisme exceptionnel. Il faut voir Moshi, l'assistant vocal du laboratoire Kyutai, répondre à n'importe quelle question dans 70 tonalités de voix différentes, du chuchotement à l'exclamation… Chaque jour l'IA générative fait des pas de géant. Mais il y a la science, et il y a les usages. Les utilisateurs en feront-ils la nouvelle porte d'entrée du Web ?

Rappelons-nous : avant Siri ou Alexa, personne n'imaginait demander à un assistant vocal la météo du jour ou lancer telle ou telle chanson sur Spotify. Un usage pourtant banal aujourd'hui. Qu'en sera-t-il lorsque ces mêmes Siri et Alexa, grâce à l'IA générative, pourront résumer à haute voix l'actualité du jour, ou commander un billet d'avion ? Que se passera-t-il quand les modèles d'IA pourront « tourner » sur des oreillettes type AirPods, offrant un assistant personnel au plus près du corps ? Aura-t-on alors encore besoin de nos smartphones ? En Allemagne, Deutsche Telekom a déjà présenté le premier téléphone « sans application » du monde, où une IA générative exécute toutes les actions. Il suffit pour cela de « parler » au téléphone. Même s'il s'agit d'un prototype, l'on voit à quel point l'IA générative pourrait aussi changer les modes d'accès au Web et au numérique, créant une révolution du hardware (les appareils électroniques) dans la grande révolution de l'intelligence artificielle…

Les premiers vainqueurs et les premières difficultés

Si ces changements se produisent, quelle entreprise dominera alors ce nouveau monde numérique ? Nous l'avons vu : des puces aux talents, l'IA générative nécessite des ressources rares et coûteuses. Les barrières à l'entrée sont très élevées. Dans ce contexte, les géants de la tech américains sont en position de force, notamment les acteurs verticalement intégrés. En plus d'être assis sur des montagnes de données, Google, Meta ou Microsoft ont accès à d'énormes capacités de calcul via leur activité cloud ; ils peuvent également faire des chèques à plusieurs zéros pour acheter des supercalculateurs, ou rafler les meilleurs talents. Lorsque Sam Altman a été évincé d'OpenAI lors de la grande crise de gouvernance, Microsoft lui avait immédiatement fait un pont d'or pour tenter de le débaucher, avant que celui-ci ne réintègre finalement OpenAI. Comme dans le football, il existe déjà un « mercato » de l'IA générative, avec des transferts qui potentiellement peuvent changer la donne concurrentielle, faire ou défaire la réputation de telle ou telle start-up.

Pour autant, même si les géants de la tech détiennent des avantages décisifs, le « match du siècle » reste pour le moment assez ouvert : aucun d'entre eux n'a fondamentalement pris le dessus sur l'autre. À ce stade, l'IA générative n'a pas fait un vainqueur, mais des vainqueurs : Nvidia sur le segment des puces, OpenAI sur les grands modèles de langage, Microsoft dans « l'évangélisation » des entreprises vis-à-vis de l'IA… Le fait qu'OpenAI ait pris tout le monde de cours en lançant ChatGPT en dit long aussi sur la capacité des start-up à doubler des géants bien installés. Le monde n'est pas à l'abri qu'un nouvel OpenAI ou un nouveau Mistral ne surgisse de nulle part. Par ailleurs, sur chaque segment, la concurrence s'organise : on le voit en France avec Mistral sur les grands modèles de langage, ou sur les puces avec les efforts des GAFAM pour réduire leur dépendance à Nvidia.

Parallèlement à la concurrence naissante, d'autres difficultés commencent à apparaître pour les géants de l'IA générative. Les acteurs du secteur ont eu un boulevard pendant deux ans pour innover, nouer des alliances stratégiques, rafler les ressources. Mais l'environnement politique et réglementaire commence à se complexifier à mesure que les gouvernements et les autorités de régulation s'emparent de l'IA générative. La Commission européenne, la Federal Trade Commission (FTC) américaine, la Competition & Markets Authority (CMA) britannique et l'Autorité de la concurrence française (ADLC), pour ne citer qu'elles, ont toutes déjà commencé à étudier le fonctionnement concurrentiel du secteur. Elles ont examiné au peigne fin le « partenariat » à plusieurs milliards de dollars entre Microsoft et OpenAI pour voir s'il ne s'agissait pas d'une acquisition déguisée.

Dans l'Union européenne, l'IA Act, le premier texte au monde à réguler l'IA, a été élaboré et adopté à une vitesse record. Bruxelles ne veut absolument pas répéter les erreurs du passé. « Nous ne sommes pas dans la même situation qu'il y a vingt ans, lorsque nous découvrions Internet et que l'économie digitale venait tout juste d'éclore. Nous faisons face désormais à un pouvoir de marché avec tous les problèmes que cela implique. Des pans entiers de l'économie digitale comme la recherche sur Internet, l'e-commerce, les réseaux sociaux, sont quasiment des monopoles. Il faut partir de cette réalité et faire en sorte de ne pas répéter les mêmes erreurs », alertait récemment Margrethe Vestager, la commissaire européenne en charge de la concurrence.

Les autorités de protection des données personnelles, comme la CNIL en France, commencent aussi à s'emparer du sujet, au moment où une certaine prise de conscience s'opère. Face aux inquiétudes, Meta, qui voulait utiliser les données de ses utilisateurs majeurs en Europe pour nourrir ses modèles d'IA, a par exemple été obligé de rétropédaler. Enfin, les industries culturelles sont bien déterminées à protéger leurs créations : pas question pour elles que leur propriété intellectuelle ne serve à alimenter les algorithmes de l'IA. Aux États-Unis, le *New York Times* a lancé un procès contre OpenAI. Le journal l'accuse d'avoir utilisé illégalement des millions d'articles pour construire ChatGPT, provoquant un dommage qu'il chiffre à « plusieurs milliards de dollars ». Des actions similaires ont été lancées par des acteurs de la musique, alors que les logiciels permettant de créer « artificiellement » des titres grâce à l'IA se multiplient. C'est dans cet environnement plus contraint que les géants de l'IA vont devoir naviguer dans les prochaines années. Autant de batailles qu'ils chercheront à remporter. À l'Europe de s'organiser.

REMERCIEMENTS

Ce livre n'aurait pas pu voir le jour sans l'aide des figures clé de l'IA en France qui ont accepté de partager avec moi leurs analyses. Je tiens à les remercier très chaleureusement.

BORDES Antoine, vice-président de Helsing

BOUVEROT Anne, présidente de la Fondation de l'Ecole normale supérieure

DAUDET Laurent, cofondateur de LightOn

GIRARD Olivier président d'Accenture France et Bénélux

GLADY Nicolas, directeur de TélécomsParis

GOBERT Emmanuel, professeur de mathématiques à Polytechnique

JARRETT Steve, directeur de l'IA chez Orange

LAZAREGUE Alexandre, avocat spécialisé en droit du numérique

LECUN Yann, vice président chez Meta

O Cédric, ancien secrétaire d'Etat au numérique
PEREZ Patrick, directeur de Kyutai
PINEAU Joëlle, vice présidente chez Meta
RONDEPIERRE Bertrand, directeur de l'agence ministérielle pour l'IA de défense (AMIAD)
RYL Isabelle, vice présidente de l'université PSL en charge de l'IA
SALOBIR Eric, président de la Human Technology Foundation
SANCHEZ Adrien, analyste chez Yole Group
TORDJMAN Yoel, cofondateur de Datascience Test

Je remercie également Camille Balenieri et Alexandre Brochard pour leurs encouragements et leur relecture attentive ; mon éditeur Emmanuel Laureau pour m'avoir convaincu de me lancer dans cette aventure ; David Barroux, rédacteur en chef aux *Echos,* pour m'avoir fait confiance début 2018 lorsque j'ai pris la rubrique télécoms-numérique ; ainsi que toute l'équipe du service Tech-Médias du journal avec qui j'ai passé six années intenses et passionnantes à décrypter l'actualité de ce secteur. Alors que je viens d'arriver à Shanghai comme correspondant pour les *Echos*, je pense aussi à Caroline Puel, qui m'a ouvert les portes du journalisme et de la Chine en 2007 quand j'étais étudiant. Je lui dois beaucoup.

ÉGALEMENT CHEZ TALENT ÉDITIONS

Michael Lewis
GOING
INFINITE
FTX, l'ascension et la chute
du magnat des cryptomonnaies
Talent Éditions

LE ROI DE LA FINANCE

LA FACE CACHÉE DE WALL STREET : RAY DALIO ET BRIDGEWATER LE PLUS GRAND FONDS SPÉCULATIF AU MONDE

ROB COPELAND

Talent Editions

CREATIVITY, INC.
LES SECRETS DE L'INSPIRATION
PAR LE FONDATEUR DE PIXAR
ED CATMULL
Président de Pixar Animation et Disney Animation
Talent Editions

JAMES BARRAT
NOTRE DERNIÈRE INVENTION
L'INTELLIGENCE ARTIFICIELLE
ET LA FIN DE L'ÈRE HUMAINE
Talent Éditions

JORDAN BELFORT
INVESTIR
MES SECRETS POUR
GAGNER EN BOURSE
Talent Éditions

JORDAN BELFORT
LE LOUP DE WALL STREET
VENDRE
LES SECRETS DE MA MÉTHODE
Talent Éditions

LES

FONDATEURS

L'HISTOIRE DE PAYPAL ET DES CRÉATEURS DE LA SILICON VALLEY

JIMMY SONI

Talent Éditions

BESTSELLER INTERNATIONAL

CE QUE VOUS N'APPRENDREZ JAMAIS À HARVARD

MARK H. McCORMACK

Talent Éditions

BEST-SELLER EN DÉVELOPPEMENT PERSONNEL DEPUIS 15 ANS
BRIAN TRACY
LES HABITUDES DES MILLIONNAIRES
NOUVELLE ÉDITION
Le succès n'est pas un accident, apprenez leurs secrets
Talent Éditions

Imprimé en France par CPI
en août 2024

Dépôt légal : août 2024
N° d'impression : 180180

Talent Éditions est engagé dans le développement durable afin de limiter l'empreinte carbone de la fabrication de ses livres. Soucieux de l'impact environnemental de notre métier, nos ouvrages sont imprimés en France sur du papier certifié issu de plantations gérées de manière écoresponsable. Les livres non commercialisables sont recyclés et réutilisés pour la fabrication d'autres produits cartonnés.